昭和30年代　50年代の地方私鉄を歩く 第3巻

みちのくの鉄道 その❶
青森県・岩手県の私鉄

髙井薫平【編著】

【編集協力】
矢崎康雄、亀井秀夫、佐竹雅之

津軽鉄道、弘南鉄道、弘前電気鉄道、十和田観光電鉄、南部鉄道、
南部縦貫鉄道、松尾鉱業（松尾鉱山鉄道）、花巻電鉄、岩手開発鉄道、釜石専用鉄道

【弘南鉄道の名物だった混成編成】先頭から西武鉄道（元武蔵野鉄道）モハ2231、西武鉄道（旧西武鉄道）クハ1266、元国鉄身延線（富士身延鉄道）モハ2250＋クハニ1282編成。線路端で待っていて何が現れるか楽しみだった。
◎平賀〜津軽尾上　昭和44（1969）年8月　撮影：亀井秀夫

Contents

掲載鉄道の位置図	4
昭和31～32年当時の青森県・岩手県の私鉄時刻表	5
まえがき	6

第1章 カラーフィルムで記録された青森県、岩手県の私鉄車両たち

津軽鉄道	8	弘南鉄道	11
弘前電気鉄道（現・弘南鉄道大鰐線）	15	十和田観光電鉄	16
南部鉄道	19	南部縦貫鉄道	19
松尾鉱業（松尾鉱山鉄道）	21	岩手開発鉄道	23
花巻電鉄	24	釜石専用鉄道	25
保存車両	26	絵葉書	28
吉田初三郎鳥瞰図	34	青森県・岩手県の私鉄沿線の地図	44
乗車券・記念乗車券	58	本書に登場する鉄道の駅名一覧	62

第2章 東北（青森県・岩手県）の私鉄の概要

1. 津軽鉄道	65
2-1. 弘南鉄道黒石線	66
2-2. 弘南鉄道大鰐線	68
3. 南部鉄道	69
4. 南部縦貫鉄道	70
5. 松尾鉱業（松尾鉱山鉄道）	71
6. 花巻電鉄	72
7. 岩手開発鉄道	74

【カバー写真撮影者】
表　紙：上左 松尾鉱業：亀井秀夫・上右 津軽鉄道：千葉健太・中右 花巻電鉄：荻原二郎・下 南部縦貫鉄道：髙井薫平
裏表紙：上から 津軽鉄道：千葉健太・弘南鉄道：荻原俊夫・十和田観光鉄道：髙井薫平・南部鉄道：荻原二郎
　　　南部縦貫鉄道：荻原二郎・松尾鉱業：亀井秀夫

第3章 モノクロフィルムで記録された青森県、岩手県の私鉄車両たち

1. 津軽鉄道 ……………………………………………………………………………………… 76
2. 弘南鉄道 ……………………………………………………………………………………… 89
3. 弘前電気鉄道（現・弘南鉄道大鰐線） ……………………………………………… 102
4. 南部鉄道 …………………………………………………………………………………… 108
　「全国に普及した車両形式東北ルール」 …………………………………………… 115
5. 南部縦貫鉄道 ……………………………………………………………………………… 119
6. 十和田観光電鉄 …………………………………………………………………………… 127
7. 松尾鉱業（松尾鉱山鉄道） …………………………………………………………… 133
8. 花巻電鉄 …………………………………………………………………………………… 140
9. 岩手開発鉄道 ……………………………………………………………………………… 154
10. 釜石専用鉄道 ……………………………………………………………………………… 161
　宮沢賢治が詠んだ岩手開発鉄道 …………………………………………………… 164

経営資料 …………………………………………………………………………………… 166

あとがき …………………………………………………………………………………… 168

参考文献 …………………………………………………………………………………… 169

車両諸元表 ………………………………………………………………………………… 170

八幡平をバックに走る最盛期の松尾鉱業（松尾鉱山鉄道）の混合列車。
◎東八幡平〜鹿野 昭和42（1967）5月 撮影：荻原二郎

掲載鉄道の位置図（昭和41年）

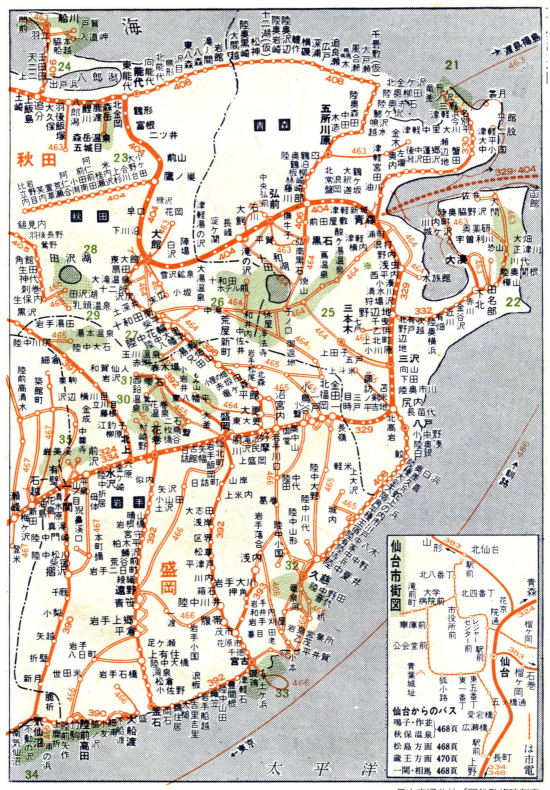

日本交通公社「国鉄監修時刻表」

昭和31〜32年当時の青森県・岩手県の私鉄時刻表

32. 7. 1改正	盛—日頃市 (岩手開発鉄道) 気 連	810	930	1305	1600	1745	粁	円	発 盛 国 着	807	845	1055	1358	1730
		818	941	1316	1611	1756	3.3	15	〃 長安寺 発	759	838	1045	1348	1720
		825	949	1324	1619	1804	6.4	25	着 日頃市 発	753	832	1037	1340	1712

31.12.21 訂補　花巻——花巻温泉——西鉛温泉 電 連 (花巻電鉄)

	中央花巻 発	…	…	…	…	829	此間 中央花巻発 907.1231.1339.1531	…	…	1914	…	…	
粁	花 巻 国 〃	607	640	715	753	835	花巻発 932.1005.1030.1100.1237.1345 1740	1850	1920	2015	2125	
7.4	花巻温泉 着	627	700	735	813	855	1422.1457.1537.1557.1633.1652.1725 1800	1910	1940	2035	2145	
円	花巻温泉 発	610	630	718	743	838	此間 中央花巻行 1130.1310.1447 1815	1840	1925	1945	2040	
35	花 巻 国 〃	628	648	736	801	856	花巻行 903.935.955.1033.1205 1833	1858	1941	2003	2058	
…	中央花巻 着				808	903	1425.1527.1600.1623.1655.1715 1905					

645	656	此間 花巻発	1922	2021	2052	粁	円	発花 巻 国 着	627	737	752	823	此間 花巻行	2049
710	721	西鉛温泉行 754	1948	2046	2117	7.2	35	〃二ツ堰発	605	714	730	800	西鉛温泉発 814	2027
	736	839.936.1023	2002	2101		11.6	50	〃志戸平温泉〃		704		749	900.958.1056	2016
	743	1101.1238.1346	2010	2108		13.8	55	〃大沢温泉〃		657		743	1134.1233.1354	2010
	755	1418.1457.1555	2022	2119		17.7	75	〃鉛 温泉〃		647		730	1452.1530.1616	1959
	757	1640.1740.1850	2024			18.1	80	着西鉛温泉発				728	1714.1748.1858	1957

32. 4.18 訂補　尻 内——五 戸 連 (南部鉄道) 気 併用

718	752	920	1120	1250	1420	1630	1750	1935	粁	円	発尻内国着	656	741	905	1057	1232	1402	1617	1735	1917
744	810	938	1138	1308	1438	1648	1808	1953	7.8	40	〃志戸岸発	636	721	849	1041	1216	1346	1601	1719	1901
803	821	949	1149	1319	1449	1659	1819	2004	12.3	70	着五 戸発	620	710	838	1030	1205	1335	1550	1708	1850

32. 8. 4 訂補　古 間 木——三 本 木 電 連 (十和田観光電鉄)

粁	円	古間木国発	611	711	801	846	1026	1111	1210	1336	1511	1631	1715	1911	2015	2130	2246	…	…	…
15.1	70	三本木着	636	736	826	911	1051	1136	1234	1400	1536	1656	1739	1936	2039	2154	2310			
粁	円	三本木発	525	610	710	800	925	1025	1110	1240	1420	1510	1630	1800	1910	2050	2205	…		
15.1	70	古間木国着	549	635	735	825	949	1050	1135	1304	1444	1535	1654	1824	1935	2114	2229			

古間木——休屋 (十和田観光電鉄) 32. 7.10訂補

…	…	845	…	1335	円	発古間木着	1120		…	…	…	1920	
705	845	935	1105	1425	70	〃三本木発	1040	1210	1350	1710	1840	
905	1045	1135	1305	1625	230	〃子ノ口〃	840	1010	1150	1510	1640	
945	1125	1215	1345	1705	285	着休 屋発	800	930	1110	1430	1600	

32. 5.20 訂補　大 更——屋 敷 台 連 (松尾鉱業鉄道)

650	727	829	950	1225	1400	1530	1703	1745	1920	粁	円	発大 更国着	637	755	857	1202	1327	1642	1745
704	744	846	1004	1239	1414	1544	1718	1759	1934	5.1	15	〃鹿 野発	625	743	845	1150	1315	1630	1717
720	800	902	1020	1255	1430	1600	1734	1815	1950	12.2	30	着屋敷台発	610	728	830	1135	1300	1615	1700

32. 6. 1 訂補　五所川原——津軽中里 連 (津軽鉄道)

630	730	840	此間	1720	1820	1940	粁	円	発五所川原国着	539	725	813	此間	1643	1758	1905
656	758	908	1010.1130	1748	1854	2007	12.8	55	〃金 木発	516	643	744	838.1008	1618	1734	1839
700	802	912	1240.1345	1752	1859	2011	14.3	60	〃芦野公園〃	512	637	739	1125.1237	1614	1730	1835
712	816	926	1500.1605	1806	1916	2025	20.7	85	着津軽中里発	500	615	725	1343.1458	1600	1718	1821

31.11.19 改正　弘 前——弘南黒石 電 連 (弘南鉄道)

…	7 00		19 00	20 00	20 35	21 15	粁	円	発弘 前国着	6 19	7 20		18 50	19 49	20 20	21 05
6 45	7 15	此間	19 14	20 14	20 50	21 28	7.5	35	〃平 賀発	6 06	7 06	此間	18 36	19 36	20 06	20 50
6 50	7 20	30分毎	19 19	20 19	20 55	21 33	11.1	45	〃津軽尾上〃	6 01	7 01	30分毎	18 31	19 36	20 01	20 45
7 01	7 31		19 31	20 29	21 05	21 43	16.8	45	着弘南黒石発	5 50	6 50		18 20	19 20	19 50	20 35

弘南バス　弘前市内定期観光 非　土曜1300　日祭日 900　所要2時間30分　予約制

31. 4. 1 訂補 電 連 大鰐—中央弘前 (弘前電鉄)	702	此	19 02	此	22 02	粁	円	発大 鰐国着	7 26	此	18 54	今	22 56
	710	間30	19 10	間60	22 10	4.4	20	〃新石川発	7 18	間30	18 48	60	22 48
	714	分	19 14	分	22 14	6.7	30	〃津軽大沢〃	7 14	分	18 44	分	22 44
	728	毎	19 28	毎	22 28	13.9	50	着中央弘前発	7 00	毎	18 30	毎	22 30

37.12. 1 現在　千 曳——七 戸 連 (南部縦貫鉄道)

640	808	908	この間 956.1110	1915	2108	2232	粁	円	発千 曳着	629	740	839	この間 910.1025	1854	2054	2219
708	837	937	1245.1533.1741	1943	2136	2300	70	着七 戸発	600	711	810	1200.1426.1658	1825	2025	2150

日本交通公社「国鉄監修時刻表」

まえがき

　昭和30年代、みちのく6県は地方私鉄の宝庫でありました。各県にその土地独特の私鉄の路線網がありました。

　青森県は津軽鉄道、弘南鉄道、後に弘南鉄道に吸収される弘前電気鉄道、十和田観光電鉄、南部鉄道、南部縦貫鉄道。岩手県には花巻電鉄、松尾鉱業（松尾鉱山鉄道）、岩手開発鉄道。秋田県には最後は鉱山鉄道として貨物専用になった小坂鉄道、羽後交通の2線、それに秋田中央交通がありました。

　山形県には山形交通が3路線と庄内交通の1路線がありましたがすべて現存しません。宮城県には仙北鉄道、仙台鉄道の2つの軽便鉄道は戦後すぐこの地を襲った台風の被害で路線の多くが失われていました。他に秋保電鉄、栗原電鉄は1067㎜軌間の電車線でしたがすべて無くなってしまいました。戦時中に国有化された宮城電気鉄道はモハ801形という優れたデザインのクロスシートカーが走っていましたが、その後は北の国電仙石線として地域住民の足になり、近年は東北本線経由の列車も走る路線として元気です。

　福島県では県都福島を巡る福島交通の路線は1線が地方都市の生活路線として残り、浜通りでは小名浜臨港鉄道、江名鉄道が福島臨港鉄道と名を変えて現存します。猪苗代湖と磐梯山に代表される日本硫黄沼尻鉄道は晩年数奇な運命にもてはやされたのち、現在は存在しません。

　結局、昭和30年代最盛期みちのく6県に24の路線があったわけですが、ほとんどが淘汰され残ったのは6路線、そのうち2路線は貨物鉄道です。

　本シリーズ第10、11、12巻はみちのく6県の私鉄を、北から2県ずつご紹介する予定でしたが、諸般の事情で3冊続けることは止め、今回は青森、岩手のご紹介とし、他の地方の私鉄をご紹介しながら続けてまいります。

「青森県の私鉄」

　青森県には厳しい経営環境の中、2鉄道3路線が乗客を運んでいます。本州最北端の私鉄津軽鉄道は、厳しい津軽の冬の環境を逆手にとって地吹雪ツアー、ストーブ列車の運行などで人気を集めています。ただ、ストーブ列車の客車は車齢60年を超えた元国鉄の客車、雨漏り防止のためか屋根にビニールシートのようなものを張り付けています。ボックスシートを2組取り外し、そこに置かれたダルマストーブでするめを焼いています。ただこの客車を牽引するディーゼル機関車は国産ディーゼル機関車では初期のもので車齢はやはり60年を超え、後輩のディーゼルカーの力を借りるようになりました。

　弘前市に2カ所のターミナルを持つ弘南鉄道は電車線ですが、これまで自社オリジナルの車両を1両の更新車を除いて保有したことがありません。南海電鉄、国鉄、西武鉄道、東急電鉄の中古電車をうまく切り盛りして使っています。ただ設備全般に疲れが見られるのが気になるところです。廃止した鉄道は十和田観光電鉄、南部鉄道、南部縦貫鉄道があります。国策会社東北開発による砂鉄を使った製鉄所むつ製鉄計画の挫折も南部縦貫鉄道に大きな影響を与えます。それでも平成9（1997）年まで頑張ったのは表彰ものです。南部鉄道の廃業は昭和43（1968）年の十勝沖地震の影響です。さらに、東北新幹線開業によってすっかりローカル線になった旧東北本線の影響では乗客の送り込みは当てにできないと、あっさり止めてしまった十和田観光電鉄など各社それぞれの事情があったのです。

「岩手県の私鉄」

　岩手県の私鉄は、現在、戦後作られた産業鉄道として現在も盛業中の岩手開発鉄道が残るのみです。昭和47（1972）年10月まで硫黄鉱を運んだ松尾鉱業（松尾鉱山鉄道）は急速な近代化の後、国の政策で重油から生成される還流硫黄切り替えられ、あっという間に近代的な鉱山町は廃鉱によりコンクリートの廃墟が残るだけです。岩手県には新参の三陸鉄道は頑張っていますが、この本のテーマではありません。消えた鉄道で思い出深いのは花巻電鉄です。岩手県花巻の生んだ詩人、宮澤賢治の詩にも登場します。同じく花巻から東を目指した岩手軽便鉄道は最後国鉄に編入され、その後、改軌されて国鉄釜石線になるのですが、沿線に石積の橋台が残っていて昔を彷彿とさせてくれます。その岩手軽便鉄道が目指した釜石には製鉄所へ鉱石輸送の輸送を担った762㎜軌間の鉄道があるのですが、ぼくにとって今も謎に満ちた存在で、ご提供いただいた写真をお披露目するにとどめました。

令和6年（2024）年9月　髙井薫平

1章
カラーフィルムで記録された青森県、岩手県の私鉄車両たち

【五所川原駅に到着したストーブ列車】
雪の舞い散る中、DD352を先頭に津軽21形ディゼルカーを連結したストーブ列車が五所川原に到着した。多くの乗客がホームに見られる。連結された客車はオハ462＋オハフ331。側線には廃車された元国鉄キハ22形が留置されている。
◎五所川原　平成30（2018）12月　撮影：髙井薫平

津軽鉄道

【雪の中を津軽21-104が客車を牽引】
平成8(1996)年11月に最初の2両が登場した久々の新造車。その後、増備され5両が、現在、全列車に充当されている。当地の生んだ作家太宰治の作品から名付け「走れメロス」の愛称で活躍している。
◎嘉瀬〜金木
平成25(2013)年3月
撮影：千葉健太

【DD352の牽く客車列車】
DD352が単機でオハ462＋オハフ331を牽引した頃。
◎川倉〜大沢
平成30(2018)年4月
撮影：千葉健太

【DD352の牽くストーブ列車】
名物のストーブ列車だが牽引するDD352は高齢で、次位にディーゼルカーを連結し、出力不足を補っている。
◎金木
平成30(2018)年12月
撮影：髙井薫平

【元気だった頃、客車を4両も引っ張っているDD351】
収穫の日も近い穀倉地帯を行く。客車のうち3両は国鉄から払い下げを受けた今は無きオハ31形、そしてしんがりは西武鉄道から来た元電車ナハフ1200形が務めている。
◎嘉瀬～金木
昭和53(1978)年8月
撮影：志村聡司

【オハ31形の車内（ストーブ使用時）】
車内は椅子を一部取り外してストーブを置いた。トタン製の煙突が屋根を貫いている。クロスシートだがオハ31形は国鉄時代から背ずりの低い木製で背中部分がむき出しだった。
◎津軽五所川原
昭和57(1982)年3月
撮影：志村聡司

【連結面の様々】
手前は最後に入ったオハ46形で、右の車両は幌が外されている。奥は西武鉄道から来たナハフ1200形で鉄製の大きな幌枠が付いている。
◎五所川原　平成21(2009)年6月
撮影：髙井薫平

【芦野公園駅に到着する津軽21形】
芦野公園の桜は津軽地方の有名なスポットで、桜の時期は多くの人で賑わっている。その際は有人駅になる。普段は無人駅だが、駅舎には喫茶店が併設されている。
◎芦野公園
平成21(2009)年6月
撮影：髙井薫平

【キハ2400形(2406)】
三岐鉄道からやってきた荷物台付きの車両。いつも同形で手をつないでいたが、ここでは自社新造のキハ2403と手をつないでいる。
◎五所川原
昭和40(1965)年9月
撮影：荻原二郎

【キハ2400形(24021)】
国鉄キハ20形に準じた自社発注車で、トイレは無く座席は車端部がロングシートで中間部はクロスシートである。珍しく旧国鉄ナハフ14100形木造ボギー客車ナハフ1400形を牽引している。
◎津軽中里
昭和40(1965)9月
撮影：荻原二郎

【キハ22形(22029)】
車両が不足したのか、国鉄からキハ22形3両を譲り受け、平成元(1989)年12月から営業開始した。平成4(1992)年4月からのワンマン運転開始に伴う対応工事が行われ、写真のキハ22029は平成7(1995)年4月にアート・トレイン塗装が施された。
◎五所川原
平成9(1997)年4月
撮影：亀井秀夫

弘南鉄道

【元西武鉄道モハ2233を先頭にした朝の4両編成】
次位は元伊那電気鉄道買収国電クハニ1272、後ろ2両は元西武鉄道モハ2231+クハ1266。
◎平賀〜津軽尾上
昭和44(1969)年8月
撮影：亀井秀夫

【岩木山をバックに走るMTT編成】
国鉄で廃車となった17m車の編成（モハ1120+クハ1614+クハ1610）。昭和42(1967)年に2両を譲り受け、中間に連結されているクハ1614は昭和47(1972)年に組み込まれた。この編成は固定的にクハ1610が大鰐線に転籍する昭和55(1980)年まで使用された。
◎田舎館〜境松　昭和53(1978)年8月　撮影：志村聰司

【元阪和線のモハ2026】
国有化後も阪和線で活躍した買収国電モヨ100形。松尾鉱業に払い下げられた後、廃線に伴って弘南鉄道入りした。電動車としての運用は短く、後にトレーラーとなった。
◎弘前
昭和50(1975)年11月
撮影：亀井秀夫

【クハニ1281＋モハ107】
元富士身延鉄道のクハニ1281と弘前電気鉄道で活躍した元秩父鉄道デハ50形のモハ107との編成。
◎津軽大沢～新石川
昭和47(1972)８月
撮影：亀井秀夫

【モハ2251＋クハニ1271)】
元富士身延鉄道のモハ2251は、弘南鉄道に来てから、3扉に改造、ロングシート化された。後ろは元伊那電気鉄道のサハニフ400形だが、運転台を取り付け、クハニ1271に改造された。
◎平賀
昭和45(1970)年７月
撮影：荻原俊夫

【モハ3602＋クハ3773】
東急電鉄から大量に移籍した中で、車体更新車によるMT編成が、津軽尾上付近の高架橋を行く。
◎津軽尾上～田舎館
昭和61(1986)年１０月
撮影：荻原俊夫

【ED33形（333）】
国鉄からの貨車を牽くED333。昭和30年代は貨物輸送が盛んで、特にリンゴの出荷が1位で、そのほか米の出荷量も多かった。昭和59（1984）年7月に貨物輸送が廃止された。
◎平賀～津軽尾上
昭和44（1969）年8月
撮影：亀井秀夫

【ED33形（333）】
昭和36（1961）年に西武鉄道から譲り受け、貨物輸送に活躍したが、貨物輸送の全廃後、スノウプロウを取り付けラッセル車の推進用として現存している。
◎平賀
平成21（2009）年6月
撮影：髙井薫平

【ED30形（301）】
昭和24（1949）年日本鉄道自動車で生まれた30トン凸型電気機関車。発注者は九州の三井三池港務所だったが、完成すると九州に行かず弘南鉄道入りした。開業時の蒸気機関車を除けば弘南鉄道にとって珍しい新車であった。入線した頃は客車も牽引した。その後は大鰐線に転じた。
◎南弘前
昭和49（1974）年5月
撮影：荻原俊夫

【モハ1521形(1524)】
東急電鉄7000系が出揃った後、突然のように、ラッシュ対策として南海電鉄から1521系4編成8両(電動車6両・制御車2両)を譲り受けたが、その活躍期間は短かった。
◎津軽大沢
平成11(1999)年2月
撮影：矢崎康雄

【デハ7153＋デハ7103】
平成時代に入り、デハ3600系の後継車として、同じ東急電鉄からオールステンレスカーデハ7000系を大挙導入し、弘南鉄道のほとんどの車両が入れ替わった。それから36年、冷房装置も無く、今後の動向が注目される。
◎弘前
平成29(2017)年8月
撮影：田中信吾

【平賀検車区全景】
電車はすっかり入れ替わり、元東急電鉄のオールステンレスカーの天下となって、現在まで続いている。スノウプロウを取り付けたED333とホキ800形(1245)の姿も見られる。
◎平賀
平成21(2009)年11月
撮影：髙井薫平

弘前電気鉄道(現・弘南鉄道大鰐線)

【モハ100形(102)】
車体は元秩父鉄道デハ10形車両だが、電機品など主要機器を秩父鉄道に残し、廃棄された木造車体が弘前電鉄入り、電機品を新製して電動車化された。その後、木造車体は簡易鋼体化された。
◎西弘前
昭和45(1970)年7月
撮影:荻原俊夫

【クハ202+モハ108】
モハ108は元京浜急行電鉄のデハ400形で、西武所沢工場で大改修を受けたもの。クハは開業時に用意された元国電サハ19形木造車。
◎津軽大沢〜新石川
昭和45(1970)年7月
撮影:荻原俊夫

【デハ6000形(6007+6008)】
体質改善で東急電鉄デハ7000系が大量に弘南鉄道入りした時、一緒に付いてきたような存在であった。東急電鉄では1台車1モーター方式の試作的要素の強い車両であった。
◎津軽大沢
平成21(2009)年11月
撮影:髙井薫平

十和田観光電鉄

【モハ7703+クハ7903】
元東急電鉄のデハ7000系で、VVVF制御装置に載せ換え、冷房装置を付け、池上線、目黒線で使用された7700系。3編成が十和田観光電鉄にやってきた。青森県の私鉄初の新性能、冷房付き車両だったが、路線廃止で失職した。
◎大曲〜柳沢
平成24(2012)年3月
撮影：千葉健太

【ED40(402)】
輸送力増強のため登場した新鋭機。川崎車輌で昭和37(1962)年に生まれた。
◎七百
平成21(2009)年6月
撮影：髙井薫平

【七百車庫】
鉄道は廃止した後もかなりの車両が残り、時々見学会が開催されている。
◎七百
平成21(2009)6月
撮影：髙井薫平

【クハ1208＋モハ1207】
定山渓鉄道クハ1211＋モハ1201を昭和45(1970)年に譲り受け、連結器の交換、ギヤ比変更を行い使用開始した。廃止された定山渓鉄道で唯一他社へ譲渡された電車編成。◎大曲〜三沢　昭和63(1988)年2月　撮影：田中信吾

【クハ3802＋モハ3603】
東急電鉄から譲り受けたＭＴ編成。塗装は派手になったが、かつて目蒲線の主力だった頃を思い出した。
◎十和田市　平成13(2001)年3月　撮影：田中信吾

【クハ4406＋モハ3401】
十和田観光電鉄最後の新造車によるMT編成。スタイルはよく似ているが製造年もかなり違い、製作会社も異なるのは中小地方私鉄の悩みだろう。
◎大曲〜三沢
昭和63(1988)年2月
撮影：田中信吾

17

【モハ3401＋モハ3603】
モハ3401は十和田観光電鉄のオリジナル車両。昭和30 (1955) 年に今は無き帝国車輌で製造された全金属車両で、当時の東北私鉄のエースであった。
◎七百
平成21 (2009) 年9月
撮影：髙井薫平

【モハ3603＋モハ3401】
元東急電鉄デハ7700系とともにやってきたデハ3655で、入線に際して両運転台式に改造された。廃止近くにリバイバルカラーとして東急電鉄時代のライトグリーンに塗りなおされた。
◎七百附近
平成21 (2009) 年9月
撮影：髙井薫平

【モハ2400形 (2405)】
十和田鉄道が改軌電化され、その名も十和田観光電鉄として再発足した時、投入された電車4両のうちの1両。
◎十和田市
昭和53 (1978) 年8月
撮影：志村聡司

南部鉄道

【キハ40000形（40001）】
南部鉄道は動力近代化のためディーゼルカーとディーゼル機関車をかなり早い時期に導入したが、ディーゼルカーの方は新車を作らず、国鉄の気動車の払い下げを受け、エンジンを換装して使用した。
◎尻内　昭和37（1962）年10月　撮影：荻原二郎

南部縦貫鉄道

【キハ100形（102）】
真っ青な空の下、レールバスがやってきた。
◎平成9（1997）年3月

【キハ100形（101）】
心地よいレールジョイント音が近付いてきて、おなじみのレールバスが目の前を駆け抜けた。乗客は結構乗っていて、立っている人もいる。◎道ノ上～坪川　昭和53（1978）年8月　撮影：志村聡司

【キハ100形（102）】
川面の見えない坪川橋梁をレールバスが走り抜ける。この日常が35年間続いた。
◎道ノ上～坪川　平成9（1997）年3月

松尾鉱業
(松尾鉱山鉄道)

【東八幡平の構内】
構内は整備され最盛期の東八幡平構内。左から小さくED251、ED501、ナハフ7、右手の車庫の中に盛岡から直行した国鉄のディーゼルカーが見え、松尾鉱業の華やかだった時代。
◎東八幡平
昭和42(1967)年5月
撮影：荻原二郎

【ED50形(ED501)】
電化後、鉱山廃鉱まで主役だった50トン日立製電気機関車。鉄道廃止後は秩父鉄道に転じた。
◎東八幡平
昭和42(1967)年5月
撮影：荻原二郎

【ED25形(ED252)】
主に構内用として東八幡平で貨車の入換え作業や列車組成に活躍した。ED501が日立製だったのに対し、こちらは東芝製だった。
◎東八幡平
昭和42(1967)年5月
撮影：荻原二郎

【クモハ20形（201）】
私鉄に払い下げられた買収国電の中で、唯一阪和電鉄からの車両である。南紀直通客車を引いて「特急黒潮」で活躍した名車である。国有化後、3扉化、ロングシート化、その姿ではるばる東北にやってきて、国鉄盛岡工場で整備された。
◎大更
昭和44（1969）年8月
撮影：亀井秀夫

【クモハ20形（201）】
パンタ側から見るとこの電車の凄さを感じる。阪和線時代に電装品を国鉄標準品に変更し、運転台前窓もHゴム支持に変わったが、かつての超弩級電車の面影を偲ばせる。
◎東八幡平
昭和42（1967）年5月
撮影：荻原二郎

【スハ32形（スハフ7）】
元国鉄のスハ32形で事故廃車になっていたものを車両不足で苦労していた当鉄道が譲り受けて使用した。
◎東八幡平
昭和42（1967）年5月
撮影：荻原二郎

岩手
開発鉄道

【岩手石橋付近を走行するキハ301】
岩手石橋の採石場もすっかり大きな規模になっていた。
◎岩手石橋
平成4(1992)年11月
撮影：髙井薰平

【終点近く】
旅客営業の廃止の噂を聞き、久々に岩手開発鉄道を訪問した。昔なかった谷を超える鉱石輸送用の橋梁下を夕張鉄道から来たキハ42500形もどきのキハ301が登ってきた。
◎岩手石橋
平成4(1992)年11月
撮影：髙井薰平

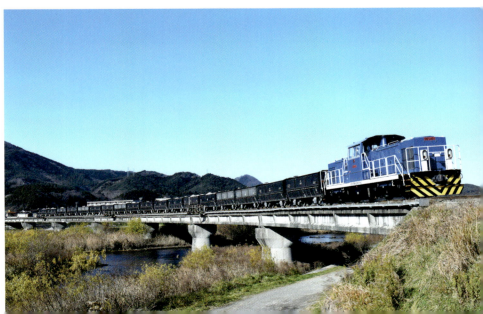

【DD56形(5602)】
令和5(2023)年に新潟トランシスで、DD5652の代替として製造された新鋭機が、ホキ100形18両を牽引する。
◎盛〜赤崎
令和5(2023)年11月
撮影：寺田裕一

花巻電鉄

【デハ1形(4)(軌)】
この電車を正面から見ると、昔の人は義理難いのだろうか、電車の前面窓は3枚と決まっていたのか、運転席前窓を除くと正面窓の両側にある小窓のガラスは窓枠の面積より小さい、これがこの電車の魅力を高めたのも事実だった。
◎鉛温泉付近
昭和33(1958)年4月
撮影：荻原二郎

【デハ2(鉄)+サハ4(鉄)】
鉄道線用に作られた雨宮製作所製の木造ボギー車。鉄道線と鉛線(軌道線)とは使用車両が異なるので、同じ記号番号の車両が存在した。
◎西花巻付近
昭和33(1958)年4月
撮影：荻原二郎

【デハ3(軌)+サハ3(鉄)】
花巻駅の軌道線ホームで出発を待つ幅の狭い花巻電鉄の名物電車。この頃になると道路の拡幅が進んで、鉄道線のトレーラーも鉛線(軌道線)に入るようになった。
◎花巻
昭和33(1958)年4月
撮影：荻原二郎

【デハ55形(55)(鉄)】
花巻電鉄では戦後の新車を鉄道線に集中させ、まず電動車ではデハ50形2両を新製した。番号はデハ1～4の既存車両の後を追ってデハ55、56を名乗った。
◎花巻付近
昭和36(1961)9月
撮影：荻原二郎

【デハ55(鉄)＋サハ102(鉄)】
デハ55は花巻電鉄で戦後最初の新車として日本車輌で生まれた。同系のデハ56は2年半ほど遅れて汽車会社で製造され投入された。
◎花巻温泉
昭和33(1958)年4月
撮影：荻原二郎

釜石専用鉄道

【陸中大橋の積み込み線】
釜石線が陸中大橋を経て仙人峠を越える区間が昭和25(1950)年に難工事の末開通した。これにより、釜石専用鉄道の便乗扱いは廃止され、後に専用線も廃止、陸中大橋の入換え業務が残った。今は入換え業務もなくなり、積み込み設備の一部が遺構として残るのみである。
◎陸中大橋
昭和48(1973)年
撮影：春田清三郎

保存車両

【南部縦貫鉄道 キハ101】
南部縦貫鉄道は平成12(2000)年全線が廃止された後も、ほとんどの車両と設備が旧七戸駅構内を中心に保存され、年に数回イベントを実施、日本唯一のレールバスも健在である。
◎旧七戸
平成23(2011)年11月
撮影：山崎朗

【南部縦貫鉄道 キハ104】
通学輸送のニーズが増え、レールバスでは収容力が不足したこともあり、国鉄からキハ1045を譲り受け、南部縦貫鉄道4両目の気動車として使用した。現在も保存されている。
◎旧七戸
令和5(2023)年8月
撮影：齋木 聡

【花巻電鉄デハ3】
花巻電鉄鉛線(軌道線)名物「車幅の狭い電車」の生き残りで、頑丈な保存庫に収められて写真撮影には不向きだが、残っているのは有り難いことだと思う。
◎花巻市材木町公園
令和2(2020)年7月
撮影：髙井薫平

【松尾鉱業 ED251】
松尾鉱業（松尾鉱山鉄道）が電化された時、新造した電気機関車4両のうち本線用の日立製50トン機2両は、秩父鉄道に移籍したが、東芝が作った27トン構内入換え用凸電ＥＤ251は地元の資料館に保存されている。
◎松尾鉱山資料館
令和5（2023）年10月
撮影：寺田裕一

【南部鉄道DC351】
南部鉄道廃止後、京都の加悦鉄道に転じ、加悦鉄道廃止後は加悦SLランド、さらにその閉園で最初の任地に里帰りした。
◎ごのへ郷土資料館
令和6（2024）年2月
撮影：寺田裕一

【南部縦貫鉄道DC251】
昭和48（1973）年廃止された羽後交通横荘線からやってきた協三工業製の25トン機関車。DD451のサポーターとして活躍した。
◎旧七戸
平成30（2018）年10月
撮影：山崎朗

絵葉書
（所蔵・提供：白土貞夫）

津軽鉄道

【津軽鉄道十三橋梁】
昭和5（1930）年開業の時に用意した日立製作所製のCタンク機関車が、マッチ箱客車を牽いて十三橋梁を渡る。新車主義の津軽鉄道だが、開業時には客車を中古車で間に合わせたようだ。

【芦野公園・津軽鉄道本社・芦野公園停留場】
開業記念に作ったのだろう。沿線の名所（？）をとり入れ、バックの山は富士山でなくて岩木山だ。現在観光客の立ち寄る太宰治の斜陽館は入っていない。

十和田鉄道

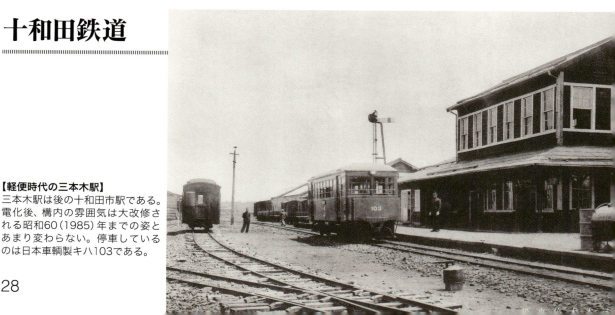

【軽便時代の三本木駅】
三本木駅は後の十和田市駅である。電化後、構内の雰囲気は大改修される昭和60（1985）年までの姿とあまり変わらない。停車しているのは日本車輌製キハ103である。

【コッペル機の牽く列車】
開業時に用意された2両の蒸気機関車のうち、ドイツ・コッペル社から輸入した2号機の牽く混合列車。この絵葉書は大正11(1922)年9月に開通記念として作成されたもの。

【三本木停車場】
開業記念絵葉書の1枚。ホーム上の腕木式信号機が印象的だ。この施設はのちの改軌電化時の雰囲気はあまり変えられなかった。

【古間木停車場】
機関車はコッペル製の2号機と思われる。開業記念絵葉書の1枚だが、この構図では東北本線との関係がよく判らない。

南部鉄道
（五戸電気鉄道）

【志戸岸勾配を上る建築列車】
遠くからやってくる列車の先頭に立つのは、開業時、国鉄から払い下げを受けた1形蒸気機関車で、アメリカ・ピッツバーグ製1690形式だと思われる

岩手開発鉄道

【第一盛川橋梁】
昭和25（1950）年4月開業した岩手開発鉄道はなぜか各種の絵葉書が作られている。おそらく開業記念で沿線に配布したのかもしれない。貴重なのは記録上存在したたった1両の蒸気機関車の存在で、建設用だと一人思っていたのだが、この絵葉書では貨物列車を牽いており、東洋電機製ディーゼル機関車が動き出すと廃車になっている。写真は第1盛川橋梁を渡る2273号機の牽く貨物列車。

【長安寺停車場全景】
長安寺駅を出発するキハ40001。そんなに人のいなかった沿線に立派な駅舎を持つ停車場が作られた。

【千刈トンネル】
岩手開發鉄道は開業に合わせて作られた絵葉書の1枚。虎の子のキハ40001がさっそうと千刈トンネルを抜ける。トンネルはコンクリート製でいかにも新線らしい風情である。

松尾鉱業

【鉱山専用鉄道列車】
長い有蓋貨車編成の後部に2軸客車ハフ2が連結されている。機関車はB6形のようだ。

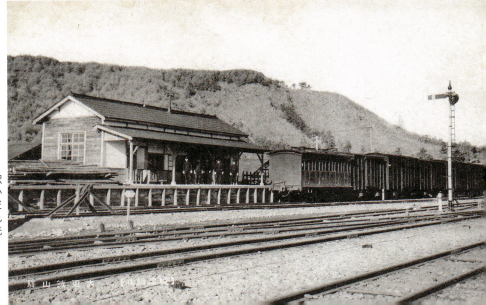

【大更駅構内】
開業間もない国鉄花輪線乗換駅である大更駅構内。国鉄線側から撮影したもので、客車はまだトラの子だったハフ2と思われる。もちろん電化前の時代の光景である。

花巻電鉄

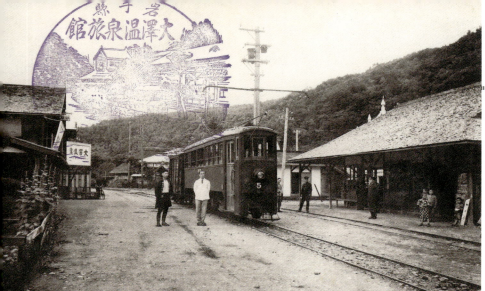

【大沢温泉停留所】
この絵葉書を見ていると宮澤賢治の「停留所にてスキトンを喫す」の詩の舞台ではないかと思うのだが・・・

【鉛温泉藤友旅館】
鉛温泉電車停留所に停車中の電車は、この狭い道を走るため生まれた極端に車幅の狭いデハ4。温泉宿は軌道から少し下がったところにある。

【大沢温泉、ここから先は鉄道馬車だ】
大沢温泉でさらに先の温泉に行く湯治客は前に停車している鉄道馬車に乗り換える。この先西鉛温泉まで電車が通じたのは大正末期のことであった。

【松原発電所終点】
未舗装の狭い砂利道に線路は敷かれ、行き違い出来るようになっている。電車はオープンデッキの2軸車だが、その後、ボギー車が入った時トレーラーに改造される。

【西鉛温泉旅館秀清館】
軌道線終点西鉛温泉の構内がよく判る。この絵葉書は旅館が作成した自家用のようだが、この秀清館は4階建ての堂々たる旅館だったが、昭和50年頃に廃業し、旅館群は少し鉛温泉寄りに移動し、旅館のあったあたりは何もなくなっていた。

岩手軽便鉄道

【岩手軽便鉄道全通記念】
北上川沿いに北進した日本鉄道の路線から、明治期にはすでに製鉄事業をはじめ東北の太平洋側の要衝である釜石は鉄道から取り残される形になり、これを補うため東北本線沿線から太平洋側に至る鉄道が計画された。その一つが花巻から釜石を目指す岩手軽便鉄道が発足し、途中仙人峠までが1914(大正3)年3月65.4kmが開通した。峠の向こうにはすでに釜石鉱山鉄道が伸びており、徒歩、索道によって花巻・釜石間が結ばれている。この絵葉書は鉄橋を渡る列車、トンネル、仙人峠の索道をバックに車内の光景が描かれている。

33

吉田初三郎鳥瞰図

解説：矢崎康雄（鉄研三田会会員）

北の津軽半島を右に、左上に津軽富士と言われる岩木山、中ほど左右に岩木川を、下の左右に陸奥鉄道を配している。現在の五能線の起点、川部から五所川原は陸奥鉄道五所川原線として大正7（1918）年に開業、その先、五所川原から鰺ヶ沢までは大正14（1925）年に鉄道省により開業。私鉄の赤線一本とは区別して鉄道省の線で示されている。

鰺ヶ沢から先、深浦へは点線、未開業、五所川原から中里村方面、今の津軽鉄道の区間も陸奥鉄道の予定線として点線で記されている。陸奥鉄道五所川原線は昭和2（1927）年、国によって買収され省線五能線になった。

陸奥鉄道沿線案内：附五所川原線（大正15年12月20日発行）

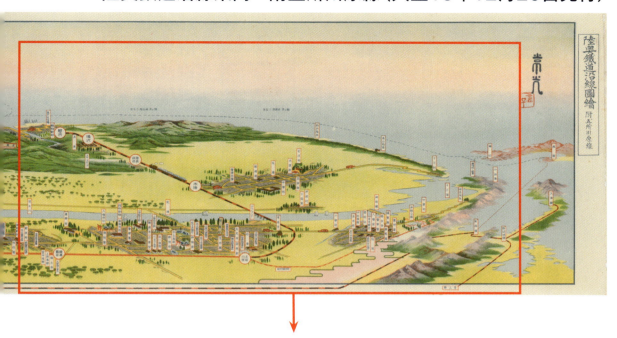

国立公園十和田湖（十和田鉄道発行）

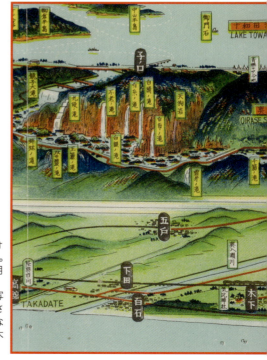

十和田湖を描いた吉田初三郎の鳥瞰図には魚眼レンズで見たようにデフォルメされているものが多いが、この図絵はオーソドックスでわかりやすい。しかし発行日の記載が見当たらない。十和田鉄道は昭和26(1951)年6月に改軌電化、同年末に十和田観光電鉄に改称された。
この図絵の裏の沿線案内には、改軌電化に際して導入されたクハ2402の写真があり、社名が「十和田鉄道」のままなので、昭和26(1951)年に発行されたものと考えられる。字体が古いので一見戦前かと思われるが、主要なところはローマ字が入っている。古間木はFURUMAGI、東北本線の古間木は「ふるまき」で昭和36(1961)年に三沢に改称されている。

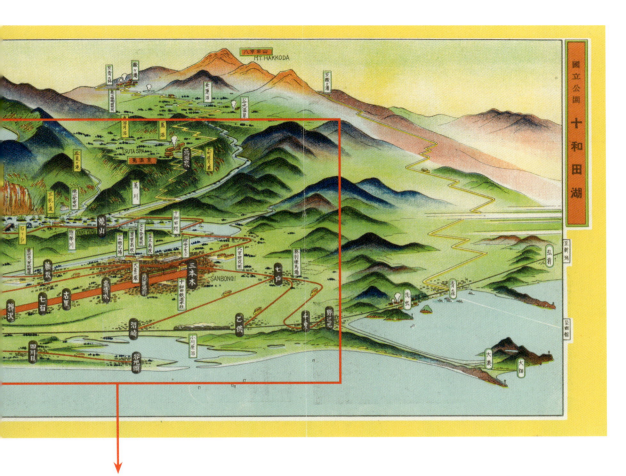

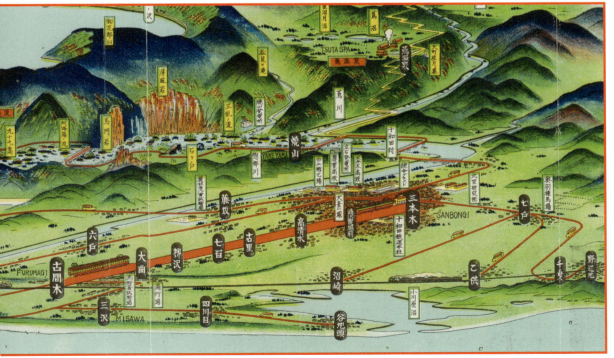

花巻温泉
東北本線花巻駅電車連絡（昭和3年3月25日発行）

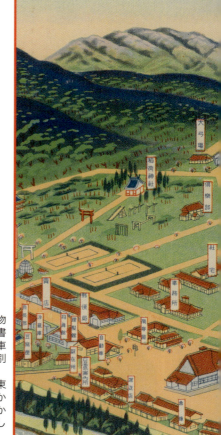

花巻温泉が発行した案内図。花巻温泉全体が描かれ、中にはスキー場、貸別荘、動物園などがあり総合レジャーランド、東北の宝塚をめざしているのがわかる。右手に書かれている花巻～花巻温泉の花巻電車は中間の駅も記されている。ちなみに花巻電車は所属会社が変わるごとに名称が変わっており、発行されたのは盛岡電気工業から別れ、花巻温泉と一体となっていた時代で花巻温泉電気鉄道と称されていた。

このパンフレットの裏側、花巻温泉案内の交通のところでは以下の記述がある。「東北本線花巻駅から軽快なる花巻電車の便があり、哩程四哩六分、賃銭二十八銭、僅か二十四分で達し、省線の汽車発着毎に、連絡し常磐線急行列車も停車します。東京から十三時間、福島から八時間……で当温泉に達します。軽快なる花巻電車！と表現しているのが楽しい。

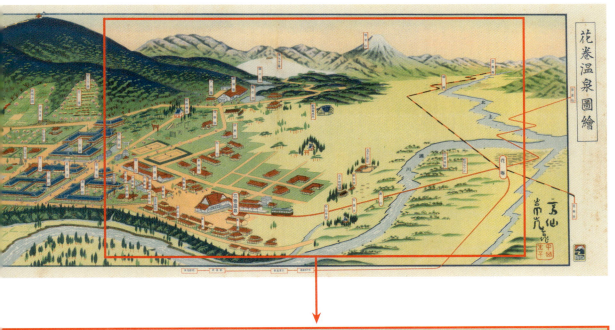
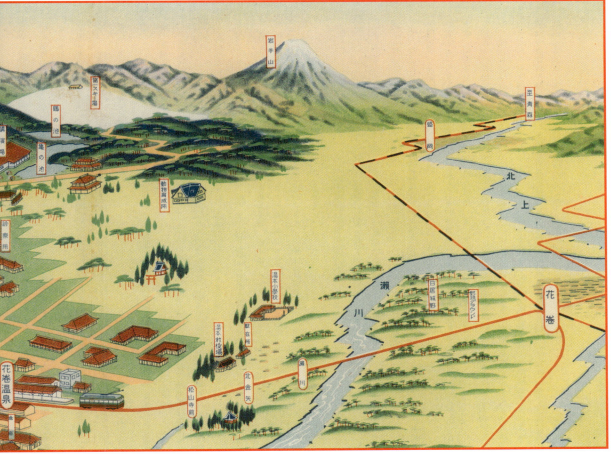

岩手軽便鉄道：沿線名称図絵（大正14年9月20日発行）

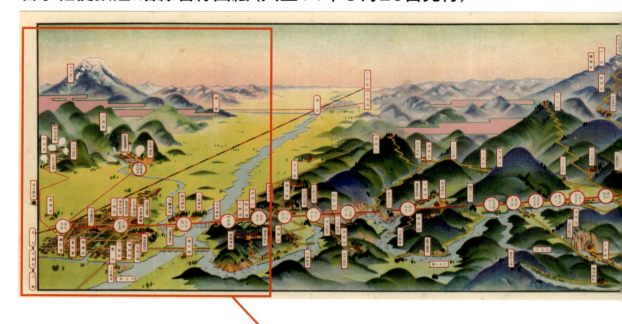

国鉄釜石線の前身、宮澤賢治の詩に幾度も登場する岩手軽便鉄道の沿線案内図である。路線は赤印で駅が丸印の中にひらがなで記されている。大正2（1913）年、花巻～土澤が開業、翌年に仙人峠駅まで開通した。
裏の沿線案内の仙人峠駅（花巻起点より四十哩七分）について、「当駅は本線の終点にして仙人峯の西麓にあり、大小の荷物は索道にて峠を越し、釜石軽鉄線大橋駅に連絡す、旅客は多く徒歩にて二時間を費やせば大なる苦痛なく、また常に山駕籠の備えありて需に応ず」と書かれている。貨物用のロープウェイの説明が次に出ており、開業が大正3（1914）年、長さ2哩2分、途中仙人継送所を通して所要は40分、搬車80台、原動力は当初は蒸気、大正12（1923）年から電気と記されている。

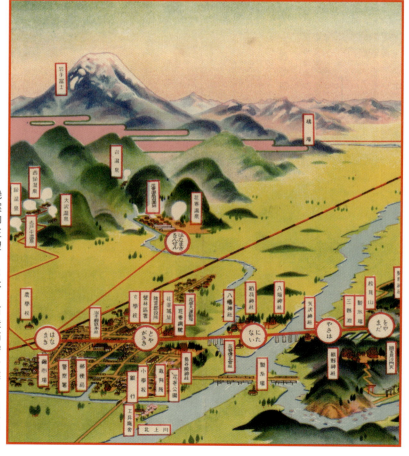

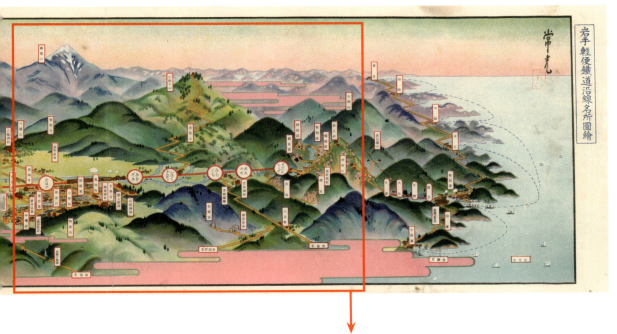

一ノ関を中心とせる名勝史蹟（昭和3年4月15日発行）

一ノ関周辺と花巻を主体に岩手県南部の名勝を描いた絵図である。発行は岩手県西磐井郡一関町。北上川を左右にその上部、右岸には東北本線が走る。左が南で東京方向、右が北で青森方向。左側は一ノ関の町が、右手には花巻温泉の市街図が描かれている。
花巻電車のカットは花巻温泉行がボギー車、西鉛への電車は二軸車で描かれているが花巻温泉行の電車にしては車体が大きすぎる。東北本線の汽車、機関車はDD51の先端に煙突をつけたような絵柄で他の図絵にも描かれているが、機関車を見たことがない人の絵に見える。また東北本線とはいえこの時代に客車はボギー車になっていると思うが全車2軸車、電車と汽車の違いがわかればそれでよいというわけだろう。花巻から釜石に向かう線は岩手軽便鉄道である。

釜石市街鳥瞰図（昭和10年発行）

釜石観光協会発行の案内パンフレットの図絵。東側から釜石の町を見ているが、左右をUの字に上げる吉田初三郎お得意のデフォルメである。箇所名などは縦書きで、駅と市役所は青地、名所旧跡などが赤地、その他は白地を用いているのは作品共通のようでわかりやすい。中央が釜石の市街で、その下には港工営所と書かれたあたりでは鉄道のヤードが広がり、港へ通じる線とともに、左手の製鉄所内に通じる線も細かく赤で記されている。大渡橋を渡った所が省線の釜石駅でりっぱに描かれているが未開業。
宮古方面からの省線の山田線はまだ開業前で、点線で書かれている。山田線が釜石まで開通するのは昭和14（1939）年、釜石線が開通するのは昭和25（1950）年である。釜石の表示がもう一つ先の方にあるがこれは釜石～大橋の釜石鉱山鉄道の釜石駅、描かれた頃は製鉄所内部他、762㎜ゲージの線路が広がっていた。

42

青森県・岩手県の私鉄沿線の地図
津軽鉄道（昭和14年修正測量、昭和28年応急修正）
解説：矢崎康雄（鉄研三田会会員）

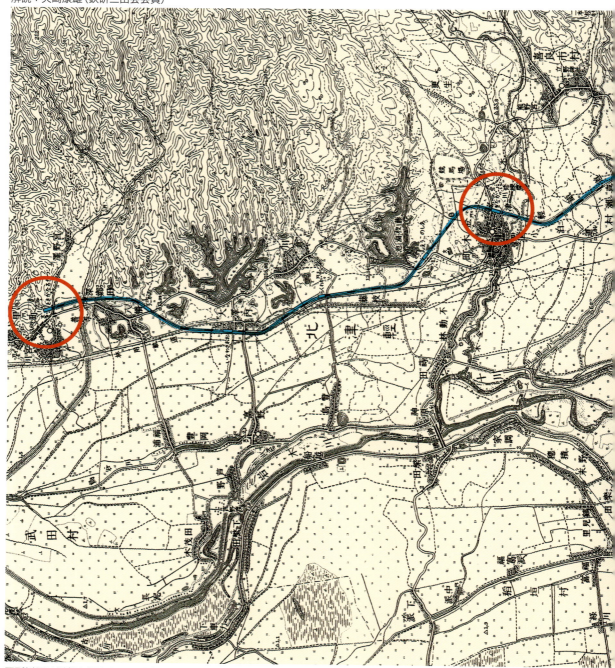

五所川原は川部を起点とする陸奥鉄道の終点だった。川部からほぼ北に進んできた五能線の列車は五所川原を出ると西に向きを変え日本海の方向へ進む。一方、昭和5 (1930) 年に開業した津軽鉄道は起点の五所川原を出ると右にカーブして一旦東方向に進み、次の一野坪（現・五農高前）で左にカーブして北方向に向かう。
この地図では五所川原駅の南側で五能線に直角で東方向に出る軌道がある。この線を追っていくと次の一野坪（現・五農高前）で津軽鉄道と並行するが、その先に林用軌道と表示されており、路線はさらに飯詰村の南から東の方に向かっている。飯詰林道線で金木から北の線路網を持つ津軽森林鉄道とは別の路線であった。

44

建設省地理調査所発行「1/50000地形図」

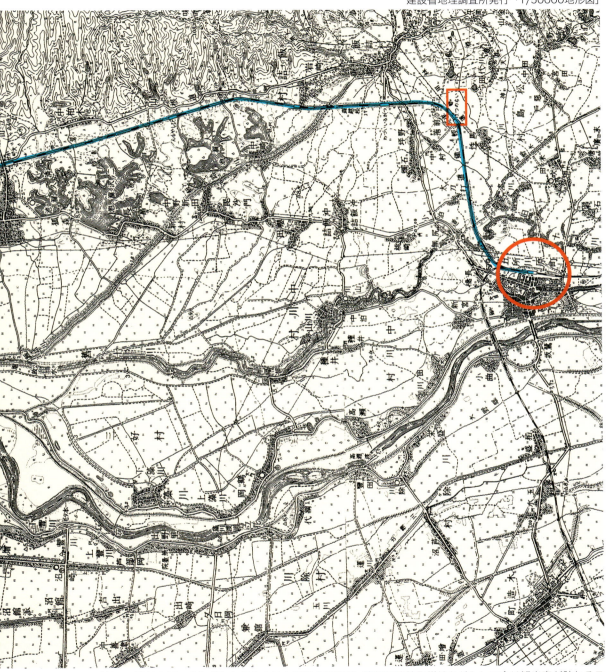

津軽鉄道の五所川原と津軽中里の中ほどにある金木は太宰治の斜陽館、津軽三味線発祥地などとして今は観光客が訪れるスポットになっている。金木の集落は南北に通る弘前から竜飛岬にむかう道路（現・国道339号）沿いにあり、津軽鉄道は道路の東側を通っている。地図で見るとこの道に沿って南北に林用軌道が敷かれている。この線路は北の中里町より先へ伸びているがさらに行くと東に向かい津軽半島を横断、蟹田へも通じていた。一方、この線路は金木の南の集落のはずれからは東の方向に向っており、その先へも線路が伸びていた。これらは津軽森林鉄道で、ヒバの産地をバックに津軽半島一帯に線路が張り巡らされ、森林鉄道としての路線規模は全国一であった。

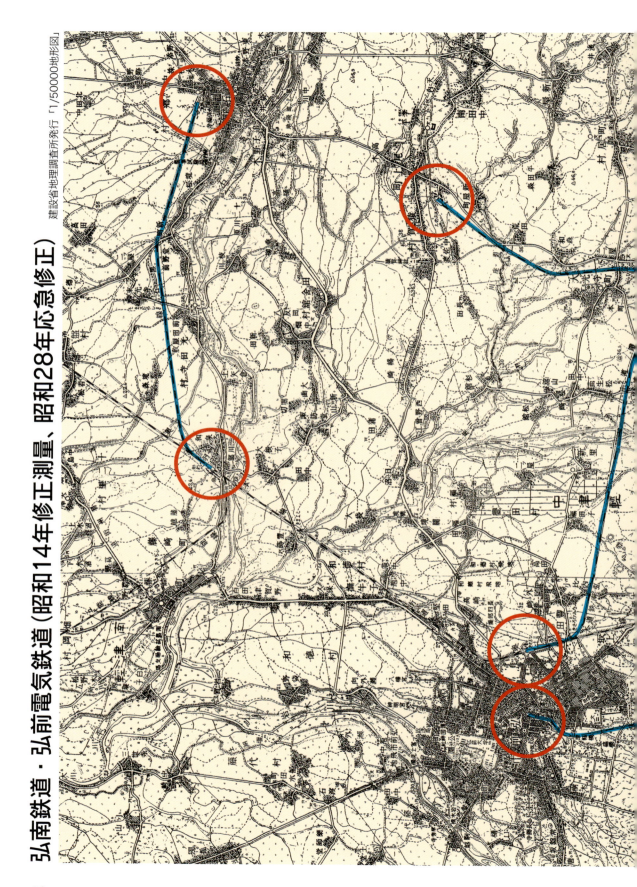

弘南鉄道・弘前電気鉄道（昭和14年修正測量、昭和28年応急修正）

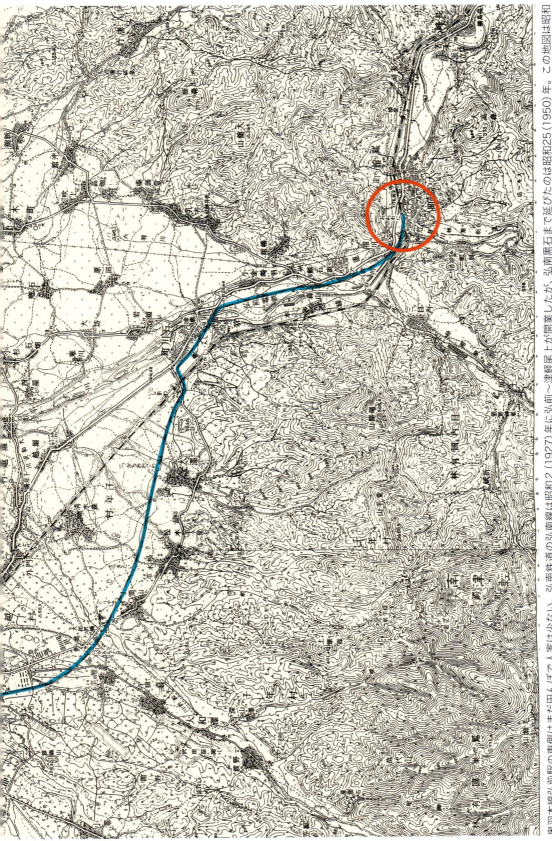

奥羽本線弘前駅の東側はまだ田んぼで人家は少ない。弘南鉄道の弘南線は昭和2（1927）年に弘前～津軽尾上まで開業したが、弘南黒石まで延びたのは昭和25（1950）年。この地図は昭和28（1953）年応急修正とされているが、弘南線の津軽尾上から先の部分が追加修正できていない。地図右上の川部～黒石の国鉄黒石線は大正元（1912）年に開業した黒石軽便線だった。戦後は国鉄再建法に基づく特定地方交通線にリストアップされたが、昭和60（1985）年に弘南鉄道が引き継ぎ弘南鉄道黒石線として運行されたものの平成10（1998）年に廃止されてしまった。昭和27（1952）年に開業した弘前電気鉄道であり、昭和45（1970）年に弘南鉄道と合併した大鰐線。この地図では大鰐から林用軌道の路線も記されている。現在の弘南大鰐線、中央弘前～大鰐は地図に弘前電鉄と記されているが、昭和27（1952）年に開業した弘前電気鉄道であり、昭和45（1970）年に弘南鉄道と合併し、

47

十和田鉄道（昭和8年修正測量、昭和28年応急修正）

建設省地理調査所発行「1/50000地形図」

地図の北の部分に東北本線の古間木（ふるまき）駅が見える。古間木駅は昭和36(1961)年に改称されたのが三沢になった。ここから出ているのが十和田鉄道で、大正11(1922)年に開業した時は軌間762mmの軽便鉄道だったが昭和26(1951)年6月に1067mmに改軌、1500Vで電化。同年12月31日に社名を十和田観光電鉄に変更した。この路線は古間木を出るとほどなく西の方向に変わり、ほとんど道路に沿って走っている。この地図は改軌前のナロー時代のもので十和田鉄道線一般の鉄道線のものではない。終点の三本木が十和田市に改称されたのは昭和44(1969)年で、この線は平成24(2012)年廃止になった。

48

五戸電気鉄道（昭和8年修正測量、昭和28年応急修正）

建設省地理調査所発行「1/50000地形図」

右下の八戸線が右にわかれる駅は尻内と記されている。今は新幹線も停まる立派な八戸駅であるが、日本鉄道青森線として開業するのは明治24(1891)年で、明治22(1889)年より前は三戸郡尻内村だった。昭和46(1971)年4月1日に尻内は八戸に、八戸線の八戸はその2月1日に本八戸に改称されている。尻内から左にわかれ五戸に行く路線が出ている。五戸は陸羽街道が通り、古くからの馬産地で明治からは軍馬、牧場関連の産業で栄えた。地図に「五戸電気鉄道」と記されているが、こ尻内から右にわかれ五戸に行くものの昭和5(1930)年の開業で、その後も乗ったことはなく昭和11(1936)年に社名が五戸鉄道となり、昭和20(1945)年に南部鉄道の会社は電気鉄道を名乗ったものの昭和5(1930)年の開業に際して動力は蒸気、その後も電化されることはなく昭和11(1936)年に社名が五戸鉄道となり、昭和20(1945)年に南部鉄道に改称された。昭和48(1973)年の十勝沖地震で運行停止、翌年廃止になった。

49

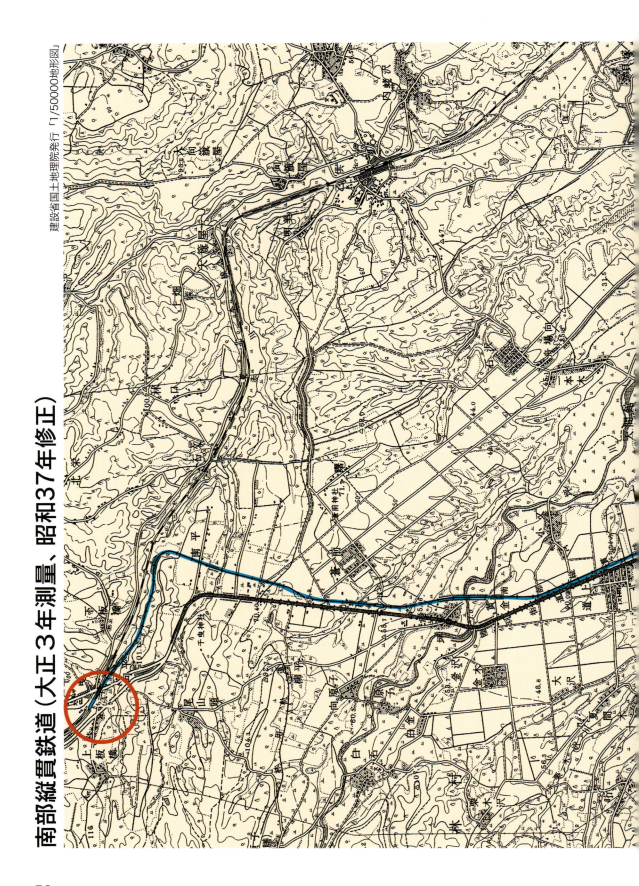

南部縦貫鉄道（大正3年測量、昭和37年修正）

建設省国土地理院発行「1/50000地形図」

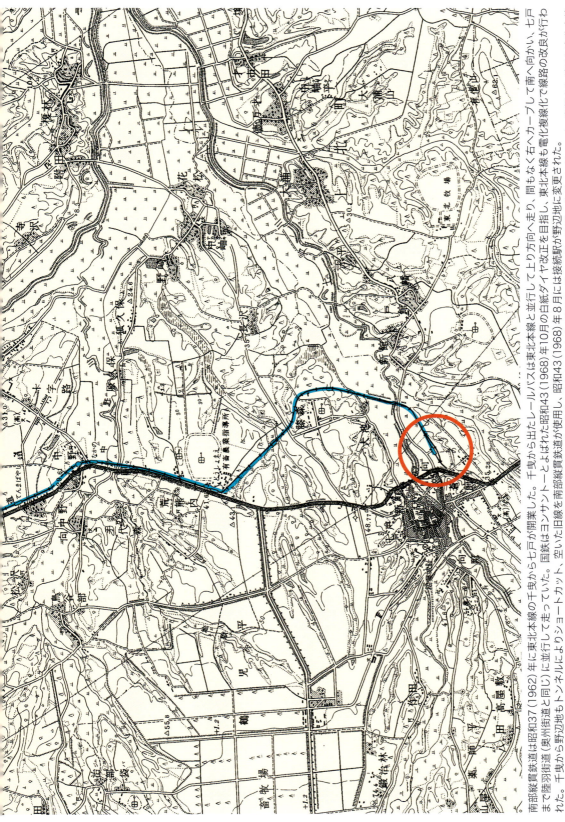

南部縦貫鉄道は昭和37(1962)年に東北本線の千曳から七戸が開業した。千曳から出たレールバスは東北本線と並行してより方向へ走り、間もなく右へカーブして南へ向かい、七戸まで陸羽街道(奥州街道と同じ)に並行して走っていた。国鉄はヨンサントー改正と呼ばれた昭和43(1968)年10月の白紙ダイヤ改正で、東北本線も電化複線化で線路の改良が行われた。千曳から野辺地もトンネルによりショートカット、空いた旧線を南部縦貫鉄道が使用し、昭和43(1968)年8月には接続駅が野辺地に変更された。この地図をよく見ると南部縦貫鉄道と東北本線の乙供(おっとも)駅北側から出ていることがわかる。西方向の本線終点は坪川林道、西方向の乙供に沿った支線が延びているだけである。クロスしている。西側に林用軌道と書かれており軌道と坪川に沿って長い距離で伸びている。一方、東側をたどると東北本線の乙供(おっとも)駅北側から出ていることがわかる。西方向の本線終点は坪川林道、西方向の乙供に沿った支線が延びているだけである。

51

松尾鉱山鉄道（昭和8年修正測量、昭和28年応急修正）

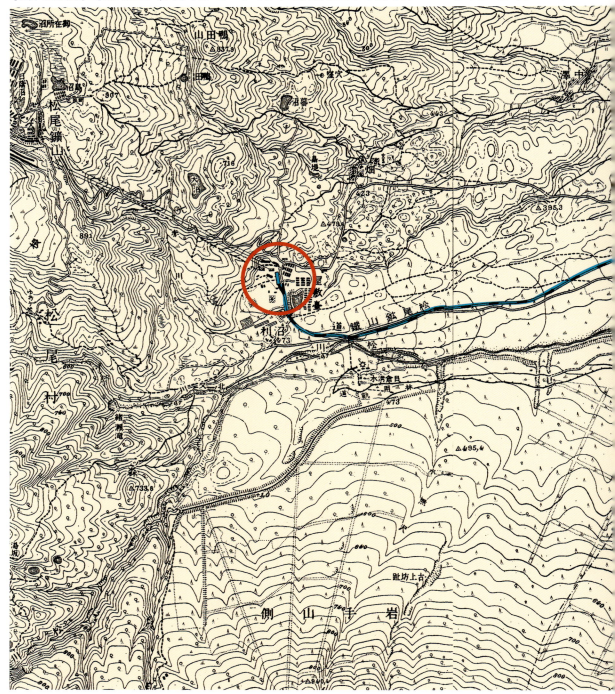

東北本線（現・IGR岩手銀河鉄道）好摩から左に別れる花輪線は西に向かって走るが線路が北向きになって大更（おおぶけ）に達する。このあたりの地名にはアイヌ語に由来するところが見受けられ、大更もアイヌ語で大きな湿地帯のことを意味することが由来説の一つのようである。
松尾鉱山鉄道はこの駅から左手に分かれ西に進み終点、東八幡平の手前で右にカーブ北に向かって線路は終わっている。その先左、北西方向にロープウェイがありその先に松尾鉱山と記され、西側には多くの建物が見受けられる。松尾鉱山は硫黄の採掘で栄え、鉱山一帯は娯楽施設なども完備され高度の設備が整っていた。この路線は鉱山会社の貨物輸送部門であったが、昭和26（1951）年に1500Vで電化した。昭和43（1968）年には国鉄からクモハ20形（元・阪和電鉄モヨ100型）を譲り受け使用された。

建設省地理調査所発行「1/50000地形図」

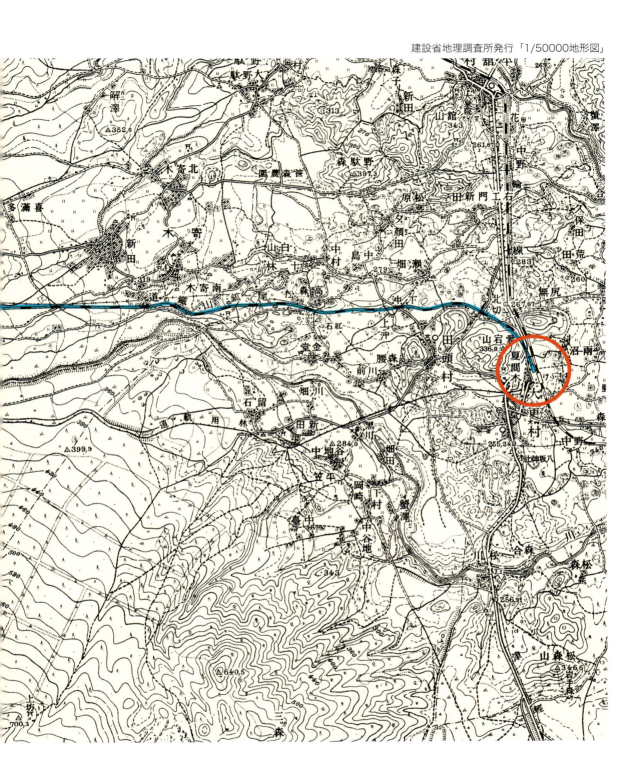

53

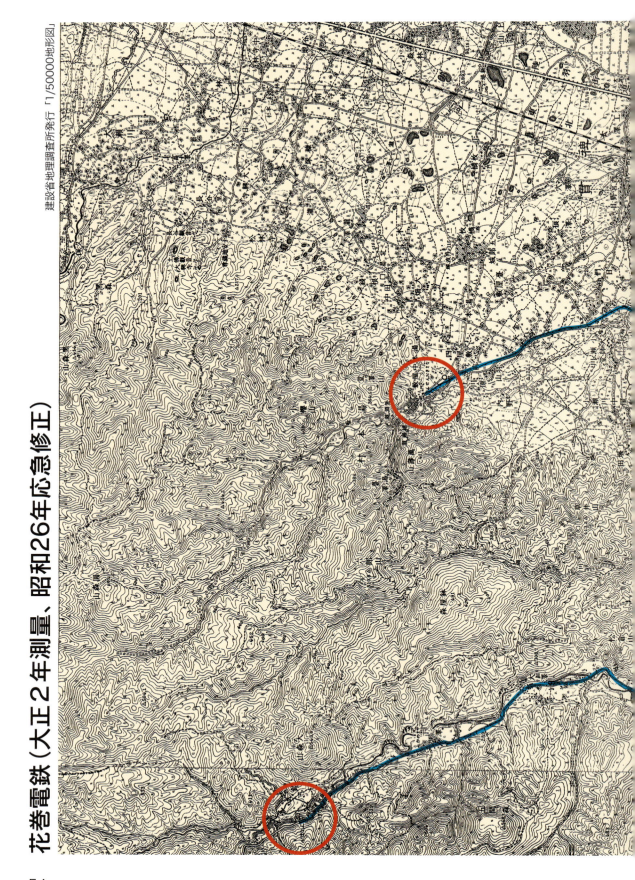

花巻電鉄（大正2年測量、昭和26年応急修正）　建設省地理調査所発行「1/50000地形図」

花巻電鉄の花巻から花巻温泉への鉄道線と西鉛への軌道線が載っている地図である。両線とも762mmゲージ600Vで、地図には花巻温泉電鉄と記されている。駅名の記載がないが、分岐している駅は西花巻で、ここから花巻温泉への区間が鉄道線である。国鉄との接続は花巻駅で東北本線の西側に花巻電鉄のホームがあり、1960年代にはすでに軌道線鉄道線ともこのホームから発着していた。花巻温泉行は花巻駅を出ると左折し、すぐに平地の中を北に向かう。花巻温泉駅は湯本村字屋敷と書かれている。終点の花巻温泉駅は湯本村で湯本中屋敷という、宝塚といわれるリゾート施設が、瀬川が山から平地にターミナルがあり、中央花巻を名乗って岩手軽便鉄道と共用していた時代もあった。鉛線は国鉄花巻駅でオーバークロス、西花巻駅で鉄道線と分岐、道路軌道線の花巻は国鉄花巻駅の東側にターミナルがあり、中央花巻を名乗って岩手軽便鉄道と共用していた時代もあった。鉛線は北へ進む。志戸平からは北の方向で終点が西鉛温泉である。

55

岩手軽便鉄道（大正2年測量、大正14年鉄道補入）

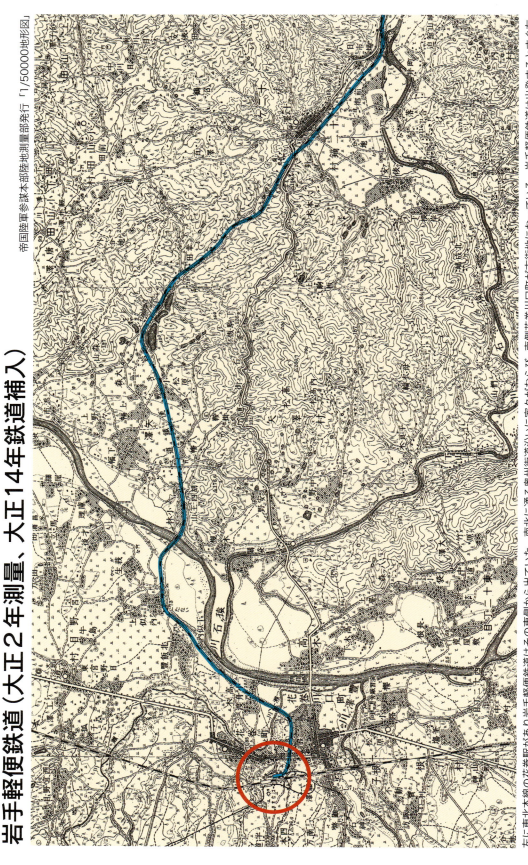

帝国陸軍参謀本部陸地測量部発行「1/50000地形図」

左に東北本線の花巻駅があり岩手軽便鉄道はその東側から出ていた。南北に通る奥州街道沿いに家々がならび、南側花巻川口町が市街地になっている。岩手軽便鉄道は出発するとすぐ左、すなわち東へ進み、市街地に近い、最初の駅鳥谷ヶ崎駅に停車する。その先で左に曲がり北上川に沿う形で北上した。軽便鉄道のターミナルは同じ762mmゲージの西鉛行の電車もここに乗り入れるようになった。鉛線の花巻電車は南へ出て東北本線をオーバークロスして西花巻へ向かった。軽便鉄道の花巻から似内間は昭和18（1943）年に今の釜石線のルートに変更され、この区間は廃止になった。

56

釜石鉱山線（大正2年測量、昭和8年修正）

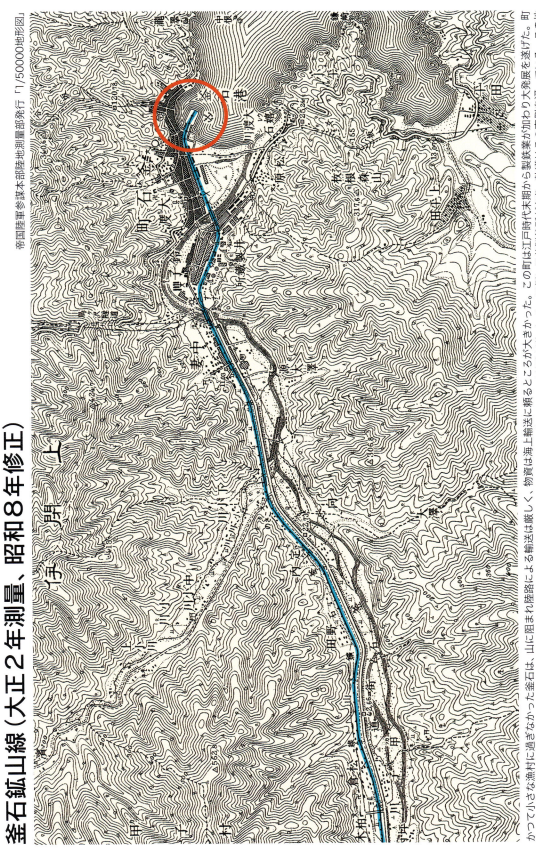

帝国陸軍参謀本部陸地測量部発行「1/50000地形図」

かつて小さな漁村に過ぎなかった釜石は、山に阻まれ陸路による輸送は厳しく、物資は海上輸送に頼るところが大きかった。この町は江戸時代末期から製鉄業が加わり大発展を遂げた。町は第二次大戦の末期に空襲と艦砲射撃と鑑砲射撃による戦災、度重なる津波の被害にあっている。釜石港のふ頭には線路が伸び、その西側に三井製鉄所があり、軌道はその南側を通っている。この地図には構内の線路らしき記載は見えない。この軌道は釜石街道に沿って西に進む。地図には釜石鉱山線の表記があり、その先は釜石鉱山線に沿って西へ延び、大橋付近の釜石鉱山から海辺の製鉄所へ鉱石を運んだ。

57

乗車券・記念乗車券

所蔵・解説：堀川正弘（鉄研三田会会員）

① **津軽鉄道**
オーソドックスな硬券ですが、地紋には「つがる」を入れた独自のデザインとなっています。発駅がゴム印で訂正されています。発行駅はそのままなので流用したものと思われます。

車内乗車券ですが、小児欄とは別に「五割引」の欄が有ります。障害者割引等の対応でしょうか。又、運賃改正によるものか、金額欄が一桝、付け加えられています。

② **弘南鉄道**
ここはオーソドックスなタイプですが、表面左下に遠慮がちに小さく社名が入っています。

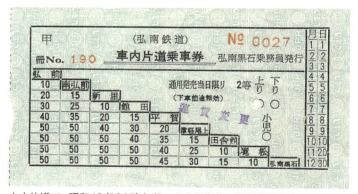

大人片道で、昭和40（1965）年代でも5円単位で運賃が設定されていました。子供は3円とか8円の端数が発生するので、窓口や車掌は釣銭に苦労したと思われます。車内乗車券ですが、発着の代わりに「上り・下り」の入鋏ですね。

③ 弘前電鉄

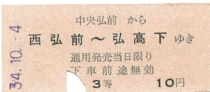

2枚とも、準硬券とでもいうような薄手の硬券です。複数着駅ですが、変わったレイアウトです。スタンプの駅名の字体が何とも言えぬ味を出しています。

④ 南部縦貫鉄道

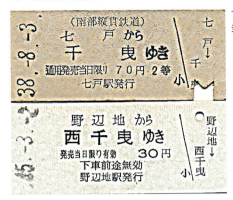

下の乗車券は野辺地迄乗り入れた後です。

車内乗車券ですが、野辺地乗り入れ、途中駅の駅名の変遷が良く判ります。

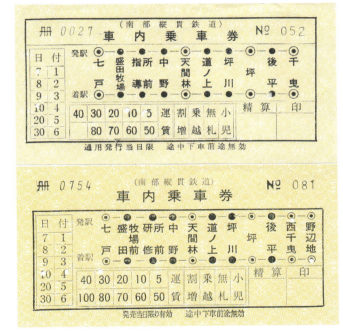

車内乗車券です。乗り越しは判るのですが、まだ合併前なので「方変」がどのような場合に発券されたか興味あるところです。新石川〜国鉄石川が接続駅扱いなら判るのですが。

⑤ 十和田観光電鉄

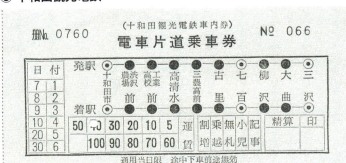

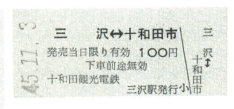

わざわざ「社内券」と唄っています。前述の南部縦貫鉄道とよく似た様式です。

59

この社は昭和50(1975)年代以降、記念乗車券をたくさん出して増収を図っていましたが、時代の波には勝てませんでした。

⑥ 松尾鉱業（松尾鉱山鉄道）

終点の駅名が変わったのはいつだったでしょうか。写真ではお判りにならないかもしれませんが、地紋は「してつ」ではなく「かいしゃてつどう」タイプの物でした。

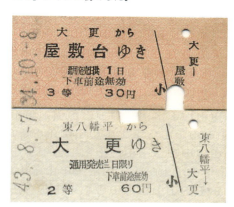

全線乗っても30円の時代に、概算収受額欄が10000円まで有ります。国鉄連絡で遠距離を発行できる様式でも有りません（着駅記入欄はなく通用も当日限り限定です）。1万円札が流通しだしたのは昭和34年です。当時の鉱山は景気が良く、車内で万札が飛び交っていました。

⑦ 岩手開発鉄道
ここも地紋は、松尾鉱業と同じタイプでした。印刷所が同じだったと思われます。車内乗車券は上記のタイプから、後年、縦型に変更になりました。　無地となり入鋏式から赤鉛筆でマークするという様式にして、コストダウンを図ったのでしょうか？ここは、旅客輸送はおまけのようなものだったのですが。

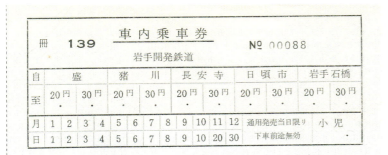

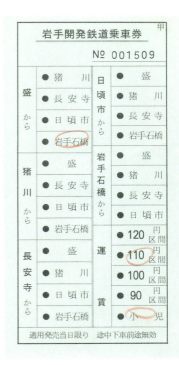

⑧ 花巻電鉄

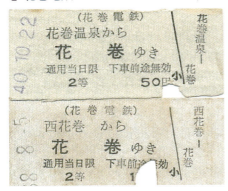

ここも、準硬券ともいうべき薄手の硬券で、多くの会社と同じように回数券のように縦に印刷されたものを切って発券します。上段の券の乙片（小児断線で切り離される側）の印刷が少しずれているのもご愛敬です。
通用当日限りでも、2か所の温泉最寄り駅では途中下車が出来たのですね。日帰り温泉利用客のためでしょうか。

ここは、発着ではなく「自・至」、小児ではなく「大・小」としているのが他社とは変わっています。大人の場合はいちいち入鋏せねばならず、手間なので入鋏を省略していたようです。

本書に登場する鉄道の駅名一覧

〔現有路線〕
(駅名は2024年5月現在、日付は開業年月日、左側の数字の単位はKm)

【津軽鉄道 津軽鉄道線】
軌間1067mm／内燃
昭和5(1930)年7月15日開業

- 0.0　津軽五所川原　つがるごしょがわら　昭和5(1930)年7月15日
- 1.3　十川　とがわ　昭和36(1961)年4月25日
- 3.2　五農校前　ごのうこうまえ　昭和10(1935)年4月13日
- 4.2　津軽飯詰　つがるいいづめ　昭和5(1930)年7月15日
- 7.4　毘沙門　びしゃもん　昭和6(1931)年6月19日
- 10.1　嘉瀬　かせ　昭和5(1930)年7月15日
- 12.8　金木　かなぎ　昭和5(1930)年7月15日
- 14.3　芦野公園　あしのこうえん　昭和5(1930)年10月4日
- 16.0　川倉　かわくら　昭和7(1932)年4月24日
- 17.7　大沢内　おおざわない　昭和5(1930)年10月4日
- 19.0　深郷田　ふこうだ　昭和7(1932)年4月24日
- 20.7　津軽中里　つがるなかさと　昭和5(1930)年11月13日

【弘南鉄道弘南線】
軌間1067mm／内燃・直流600V→750V→1500V
昭和2(1927)年9月7日開業

- 0.0　弘前　ひろさき　昭和2(1927)年9月7日
- 0.9　弘前東高前　ひろさきひがしこうまえ　昭和2(1927)年9月7日
- 2.1　運動公園前　うんどうこうえんまえ　昭和52(1977)年9月10日
- 3.6　新里　にさと　昭和2(1927)年9月7日
- 5.2　館田　たちた　昭和2(1927)年9月7日
- 7.5　平賀　ひらか　昭和2(1927)年9月7日
- 9.5　柏農高校前　はくのうこうこうまえ　昭和55(1980)年6月23日
- 11.1　津軽尾上　つがるおのえ　昭和2(1927)年9月7日
- 12.5　尾上高校前　おのえこうこうまえ　平成11(1999)年6月23日
- 13.4　田んぼアート　たんぼあーと　平成25(2013)年7月27日
- 13.8　田舎館　いなかだて　昭和25(1950)年7月1日
- 15.3　境松　さかいまつ　昭和25(1950)年7月1日
- 16.8　黒石　くろいし　昭和25(1950)年7月1日

【弘南鉄道大鰐線】
軌間1067mm／直流1500V
昭和27(1952)年1月26日開業(弘前電気鉄道)→
昭和45(1970)年10月1日(弘南鉄道)

- 0.0　大鰐　おおわに　昭和27(1952)年1月26日
- 0.7　宿河原　しゅくがわら　昭和27(1952)年1月26日
- 2.2　鯖石　さばいし　昭和27(1952)年1月26日
- 3.0　石川プール前　いしかわぷーるまえ　平成14年10月1日
- 4.4　石川　いしかわ　昭和27(1952)年1月26日
- 5.7　義塾高校前　ぎじゅくこうこうまえ　昭和62(1987)年11月1日
- 6.7　津軽大沢　つがるおおさわ　昭和27(1952)年1月26日
- 8.4　松木平　まつきたい　昭和27(1952)年1月26日
- 9.3　小栗山　こぐりやま　昭和27(1952)年1月26日
- 10.0　千年　ちとせ　昭和27(1952)年1月26日
- 11.3　城南　じょうなん　昭和48(1973)年12月1日
- 12.0　西弘前　にしひろさき　昭和27(1952)年1月26日
- 13.1　弘高下　ひろこうした　昭和27(1952)年1月26日
- 13.9　中央弘前　ちゅうおうひろさき　昭和27(1952)年1月26日

【岩手開発鉄道】
軌間1067mm／内燃
昭和25(1950)年10月21日開業→
平成4(1992)年4月1日旅客営業廃止現在貨物専用
＜日頃市線＞

- 0.0　盛　さかり　昭和25(1950)年10月21日
- 2.0　猪川　いかわ　昭和25(1950)年10月21日→
　　　　　　　　平成4(1992)年4月1日廃止
- 3.3　長安寺　ちょうあんじ　昭和25(1950)年10月21日
- 6.4　日頃市　ひころいち　昭和25(1950)年10月21日
- 9.5　岩手石橋　いわていしばし　昭和35(1960)年6月21日

＜赤崎線＞
赤崎線は開業時から貨物専用

- 0.0　盛　さかり　昭和32(1957)年6月21日
- 2.0　赤崎　あかさき　昭和32(1957)年6月21日

〔廃止路線〕
（駅名は廃止直前の状況、日付は開業年月日、左側の数字の単位はKm）

【弘南鉄道黒石線】
軌間1067mm/内燃
大正元（1912）年8月15日開業（黒石軽便線）→
大正11（1922）年9月2日（黒石線）→
昭和59（1984）年11月1日（弘南鉄道）→
平成10（1998）年4月1日廃止

- 0.0　川部　かわべ　大正元（1912）年8月15日
- 2.9　前田屋敷　まえだやしき　昭和10（1935）年4月15日
- 6.2　黒石　くろいし　大正元（1912）年8月15日

【南部鉄道】
軌間1067mm/内燃
昭和4（1929）年8月23日開業（五戸電気鉄道）→
昭和11（1936）年4月30日（五戸鉄道）→
昭和20（1945）年1月1日（南部鉄道）→
昭和43（1968）年5月17日休止→
昭和44（1969）年3月27日廃止

- 0.0　尻内　しりうち　昭和4（1929）年8月23日
- 1.2　張田　はりだ　昭和4（1929）年8月23日
- 3.0　正法寺　しょうぼうじ　昭和4（1929）年8月23日
- 4.9　七崎　ならさき　昭和4（1929）年8月23日
- 6.2　豊崎　とよさき　昭和35（1960）年
- 7.8　志戸岸　しどぎし　昭和4（1929）年10月10日
- 9.6　県立種鶏場前　けんりつしゅけいじょうまえ　昭和5（1930）年5月1日
- 12.4　五戸　ごのへ　昭和5（1930）年4月1日

【南部縦貫鉄道】
1067mm/内燃
昭和37（1962）年10月20日開業→
平成9（1997）年5月6日休止→
平成14（2002）年8月1日廃止

- 0.0　野辺地　のへじ　昭和43（1968）年8月5日
- 5.6　西千曳　にしちびき　昭和37（1962）年10月20日
- 9.0　後平　うしろたい　昭和38（1963）年4月1日
- 10.5　坪　つぼ　昭和37（1962）年10月20日
- 11.6　坪川　つぼかわ　昭和38（1963）年4月1日
- 13.5　道ノ上　みちのかみ　昭和37（1962）年10月20日
- 14.5　天間林　てんまばやし　昭和37（1962）年10月20日
- 15.6　中野　なかの　昭和37（1962）年10月20日
- 17.2　営農大学校前　えいのうだいがっこうまえ　昭和37（1962）年10月20日
- 18.4　盛田牧場前　もりたぼくじょうまえ　昭和39（1964）年4月11日
- 20.9　七戸　しちのへ　昭和37（1962）年10月20日

【十和田観光電鉄十和田観光電鉄線】
軌間762mm→1067mm/蒸気・内燃・直流1500V
大正11（1922）年9月5日開業（十和田鉄道）→
昭和26（1951）年12月31日（十和田観光電鉄）→
平成24（2012）年4月1日廃止

- 0.0　三沢　みさわ　大正11（1922）年9月5日
- 2.7　大曲　おおまがり　昭和10（1935）年4月11日
- 5.1　柳沢　やなぎさわ　昭和7（1932）年10月18日
- 6.4　七百　しちひゃく　大正11（1922）年9月5日
- 8.4　古里　ふるさと　昭和9（1934）年10月31日
- 9.9　三農高前　さんのうこうまえ　昭和44（1969）年10月1日
- 10.6　高清水　たかしず　大正11（1922）年9月5日
- 12.7　北里大学前　きたさとだいがくまえ　昭和59（1984）年4月1日
- 13.3　工業高校前　こうぎょうこうこうまえ　昭和44（1969）年5月1日
- 13.7　ひがし野団地　ひがしのだんち　昭和7（1932）年10月18日
- 14.7　十和田市　とわだし　大正11（1922）年9月5日

【松尾鉱業】
軌間1067mm/蒸気・内燃・直流1500V
昭和9（1934）年3月15日開業→
昭和47（1972）年10月10日廃止

- 0.0　大更　おおふけ　昭和9（1934）年3月15日
- 2.5　田頭　でんどう　昭和26（1951）年7月
- 5.1　鹿野　ししの　昭和9（1934）年3月15日
- 12.2　東八幡平　ひがしはちまんたい　昭和9（1934）年3月15日

【花巻電鉄鉛線】
軌間762mm/馬力・直流600V
大正4（1915）年9月17日（花巻電気）＋
大正8（1919）年9月27日（温泉軌道）→
大正10（1921）年12月19日（盛岡電気工業）→
大正15（1926）年10月1日（花巻温泉電気鉄道）→
昭和16（1941）年10月29日（花巻電気鉄道）→
昭和22（1947）年6月5日（花巻温泉電鉄）→
昭和28（1953）年6月1日（花巻電鉄）→
昭和40（1965）年7月1日中央花巻〜西花巻間廃止→
昭和44（1969）年9月1日全区間廃止

- 0.0　中央花巻　ちゅうおうはなまき　大正7（1918）年1月1日
- 0.8　西花巻　にしはなまき　大正7（1918）年1月1日
- 1.3　西公園　にしこうえん　大正4（1915）年9月17日
- 2.0　石神　いしがみ　大正4（1915）年9月17日

P64に続く

P63からの続き

距離	駅名	よみ	開業日
2.9	中根子	なかねこ	大正4(1915)年9月17日
3.7	熊野	くまの	大正4(1915)年9月17日
4.4	新田	あらた	大正4(1915)年9月17日
5.0	歳の神	さいのかみ	大正4(1915)年9月17日
6.0	一本杉	いっぽんすぎ	大正4(1915)年9月17日
7.1	二ツ堰	ふたつせき	大正4(1915)年9月17日
8.2	神明前	しんめいまえ	大正4(1915)年9月17日
10.2	松倉	まつくら	開業年月日不詳
10.8	富士鉄保養所前	ふじてつほようじょまえ	大正5(1916)年9月26日
11.3	志戸平温泉	しどたいらおんせん	大正9(1920)年4月27日
12.6	渡り	わたり	大正12(1923)年5月4日
13.7	大沢温泉	おおさわおんせん	大正8(1919)年9月27日
15.0	前田学校前	まえだがっこうまえ	大正8(1919)年9月27日
15.7	山の神	やまのかみ	大正8(1919)年9月27日
16.4	高倉山温泉	たかくらやまおんせん	大正8(1919)年9月27日
17.6	鉛温泉	なまりおんせん	大正10(1921)年6月25日
18.0	西鉛温泉	にしなまりおんせん	大正10(1921)年6月25日

【花巻電鉄花巻温泉線】
軌間762㎜/直流600V
大正14(1925)年8月1日(盛岡電気工業)→
大正15(1926)年10月1日(花巻温泉電気鉄道)→
昭和16(1941)年10月29日(花巻電気鉄道)→
昭和22(1947)年6月5日(花巻温泉電鉄)→
昭和28(1953)年6月1日(花巻電鉄)→
昭和46(1971)年2月24日(岩手中央バス)→
昭和44(1969)年9月1日西花巻～花巻間廃止→
昭和47(1972)年2月16日全区間廃止

距離	駅名	よみ	開業日
0.0	西花巻	にしはなまき	大正14(1925)年8月1日
0.8	花巻	はなまき	大正14(1925)年8月1日
2.7	花巻グランド	はなまきぐらんど	昭和9(1934)年
5.2	瀬川	せがわ	大正14(1925)年8月1日
6.6	北金矢	きたかなや	大正14(1925)年8月1日
7.4	松山寺前	しょうざんじまえ	大正14(1925)年8月1日
8.2	花巻温泉	はなまきおんせん	大正14(1925)年8月1日

※各路線のデータは資料により異なりますが、本書では「日本鉄道旅行地図帳2号東北」(新潮社:平成20年6月18日)を参考にさせていただきました。

＜その他の参考文献＞
週刊朝日百科歴史でめぐる鉄道全路線公営鉄道・私鉄25
津軽鉄道青い森鉄道十和田観光鉄道弘南鉄道(朝日新聞出版:2011年9月11日)
全国鉄道地図帳(昭文社:2020年12月1日)
鉄道事業者各社ホームページ等々

東北（青森県・岩手県）の私鉄の概要
1. 津軽鉄道

寺田 裕一

(1) 国有化を念頭に開業

　奥羽本線の川部と五所川原を結ぶ陸奥鉄道は大正7 (1918) 年9月25日に開業した。鉄道敷設法により大正11 (1922) 年に五所川原～能代町（現在の東能城）が予定線となり、双方から建設が始まった。五所川原からの路線は五所川原線として鰺ヶ沢までが開業し、奥羽本線と五所川原線に挟まれる形となった陸奥鉄道は、昭和2 (1927) 年6月1日に国に買収された。

　青森より三厩、小泊を経て五所川原に至る津軽環状鉄道は鉄道敷設法の予定線になったものの着工のめどは立たず、陸奥鉄道が国に買収されて思わぬ金を手にした株主たちは、津軽地方の北部開発促進と津軽環状鉄道建設の早期実現を目指して、昭和3 (1928) 年2月24日に津軽鉄道株式会社を設立した。実のところは陸奥鉄道同様、開業後に国に買収され、巨額の富を得ようと考えていたと伝え聞く。

　昭和5 (1930) 年7月15日に五所川原（現在の津軽五所川原）～金木間が開業、同じ年の10月4日に大沢内、11月13日に津軽中里まで延長して、全通を見た。全通当初は、日立製のタンク式蒸気機関車3両（C351～353）、武蔵野鉄道（現在の西武鉄道）より購入した2軸客車15両、貨車25両の所帯で、混合列車7往復を運転、所要時分は70分程度であった。

(2) 昭和後期は年間250万人を輸送

　昭和7 (1932) 年4月に日本車輌製の片ボギーガソリンカーキハ1を、翌年4月にキハ2を購入して燃料費の節約を図り、女性車掌の採用、バス事業の兼業を始め、昭和10 (1935) 年度からは収支が黒字に転じて、経営は安定し始めた。

　戦後いち早く機関車の内燃化に取り組み、昭和27 (1952) 年にDC201、202が登場。昭和32 (1957) 年と34 (1959) 年にDD351、DD352が登場し、昭

◎津軽飯詰　昭和38 (1963) 年8月　撮影：髙井薫平

和35（1960）年2月17日をもって蒸気動力は全廃となった。機械式気動車に替わって液体式のキハ24021、24022が昭和37（1962）年に、昭和41・42（1966・1967）年にキハ24023、24024が新造された。これに伴い、昭和25（1950）年4月当時の6往復が、昭和31（1956）年4月に10往復、昭和36（1961）年4月に15往復、昭和37（1962）年4月には22往復と増加していった。

多くのローカル私鉄では、昭和40（1965）年代に入るとモータリゼーションの影響を受けて乗客が減少していったが、津軽鉄道では比較的減少率が低い状態で昭和60（1985）年代を迎えた。これはバス事業を昭和30（1955）年に弘南バスに譲渡した際に、鉄道並行路線に関する運輸協定を結んでいたことも一因であった。

一方、貨物輸送は政府米の輸送が大半を占め、米の出来・不出来によって輸送量は変化したものの、年間4万t前後を輸送していた。しかし、昭和59（1984）年2月の国鉄貨物大幅縮小に五所川原の貨車中継がなくなると、運輸収入の1割以上を占めていた貨物営業の廃止を余儀なくされた。この時、自社の機関車を青森に乗り入れさせてでも貨物営業を継続したかったようだが、実現には至らなかった。

(3) 金木でのタブレット交換が健在

五能線の川部〜五所川原間が昼間時に2時間に1本程度であった時にも津軽鉄道は津軽飯詰と金木交換で、昼間時でも40分程度の運転間隔であった。

平成の時代に入ると沿線人口の減少に歯止めはかからず、平成16（2004）年11月10日改正で津軽飯詰の閉塞取り扱いを廃止して津軽五所川原〜金木間が一閉塞となり、大幅な減便となった。金木では早朝と夜間を除いて上り・下り列車が行き違い、津軽五所川原〜金木間のタブレットと、金木〜津軽中里間のスタフを交換する。閉塞方式の自動化が進む今日、この非自動化の閉塞方式で列車の行き違いが見られるのは、非常に珍しい。

(4) 今も残るストーブ列車

昭和の終わり頃まで貨物輸送が残り、貨車牽引用にディーゼル機関車を所有していたことから、朝の通学列車はディーゼル機関車が客車を牽引した。機関車には暖房用のスチーム発生装置がなく、客車に独自の暖房装置がない限り、客車列車の暖房は椅子を撤去して石炭ストーブを用いた。この方式は古くは全国の客車列車で冬季に見られたが、昭和の終わり頃に石炭ストーブが見られたのは、津軽鉄道と北海道の三菱石炭鉱業鉄道のみになっていた。冬期の通学列車にストーブが用いられたのは平成の初め頃までで、以降は朝の通学列車も気動車に転換された。しかし、ストーブ列車の歴史を今に伝えるべく津軽鉄道のストーブ列車は今も健在で、時間帯は朝の通学列車から昼間に変わっているが、今も冬季に運転がなされている。ただし、近年はディーゼル機関車が不調のことが多く、その場合は気動車がストーブ客車を牽引する。

2-1.弘南鉄道黒石線

(1) 軌間1067mmの蒸気鉄道として開業

奥羽本線と黒石を結ぶ国鉄線は、当初弘前から分岐する予定であったが、浅瀬石川と平川の橋梁工事がネックとなり、川部から分岐した。平賀地方と弘前を結ぶ鉄道建設の必要性は日ごとに高まり大正15（1926）年3月、弘南鉄道株式会社を設立。昭和2（1927）年9月7日に弘南弘前（現在の弘前）〜平賀〜津軽尾上間が開業した。Cタンク蒸気機関車2両、ボギー客車3両と貨車15両が用意され、所要30分、6往復の運行であった。

昭和7（1932）年からはガソリンカーを導入。戦後、燃料事情が悪化すると、昭和21（1946）年6月に

電化を決議、昭和23（1948）年7月1日に青森県下初の電気運転を開始した。電化に当たり駿豆鉄道（現在の伊豆箱根鉄道）から電気機関車1、2を購入し、混合列車を牽引する蒸気機関車を置き換えた。電車運転が始まったのは昭和24（1949）年末からであった。

(2) 黒石延伸で絶頂期を迎える

津軽尾上〜弘南黒石（現在の黒石）間の延伸は昭和25（1950）年7月1日であった。今からすると遅い開業の感が否めないが、黒石には国鉄が通じていて、並行路線を避けたいとの思いがあったと思われる。運転本数は区間運転を含めて16往復となり、

昭和31（1956）年11月からは全線の所要30分、終日30分ヘッドで28往復となり、その後、間もなく朝夕ラッシュ時に中型車6連が走り始めるなど輸送力増強に努め、昭和42（1967）年度の輸送人員は504万人を記録した。隆盛を極める弘南鉄道が大鰐～中央弘前間の弘前電気鉄道を合併して大鰐線とするのは昭和45（1970）年10月1日で、昭和46（1971）年9月に単線自動閉塞化、昭和50（1975）年11月1日から南弘前（現在の弘前東高前）、平賀、津軽尾上のみ停車で、所要24分の快速列車を朝夕各2往復運転した。輸送密度は概ね6000人/km日を超え、昭和50（1975）年7月から昭和55（1980）年9月にかけて東急から20両もの車両を譲り受けた。

（3）黒石線の開業と廃止

鉄道省黒石線川部～黒石間は大正元（1912）年8月25日に開業し、戦前は黒石への唯一の鉄道として賑わった。弘南線が延伸されると、一般客は列車本数の多い弘南線に移り、黒石線の利用客は、通学生と、青森・五所川原方面への旅客に限られていた。昭和52（1977）年度から昭和54（1979）年度までの国鉄再建法による基準期間の輸送密度は1904人/km日で、昭和56（1981）年9月に第一次特定地方交通線として承認、昭和57（1982）年2月からの協議会では、第三セクター化には厳しい予測となり、弘南鉄道は、黒石駅の手前から弘南黒石駅に短絡線を設けることを条件に引き受けた。

弘南鉄道としての開業は昭和59（1984）年11月1日で、国鉄再建法スキームで民間の鉄道事業者への転換としては唯一となった。車両は国鉄キハ22形3両を譲り受け、運転士を含めて増員はなしで対応し、運転本数は国鉄時代の12往復から20往復に増強した。収支係数は国鉄時代の532から117に改善したが、弘前～弘南黒石間が国鉄の運賃と弘南鉄道の二重になり、輸送人員は国鉄時代の半分の水準となった。昭和63（1988）年8月15日からはワンマン運転を実施し、平成7（1995）年6月には小坂精錬小坂鉄道からキハ2105とキハ2107を譲り受けたが、平成10（1998）年4月1日に廃止に至った。特定地方交通線転換路線の廃止第1号であった。

（4）平成以降旅客の減少が続く

黒石線開業の直前の昭和59（1984）年7月1日に貨物営業が廃止になり、弘南線は旅客専業に変わった。平成元（1989）年と平成2（1990）年に東急電鉄デハ7000系2両編成8本を導入し、従来の3連基本が2連基本に変わり、多客時の6両編成は4両編成に変わった。この時は車掌が乗務していて、ワンマン運転は平成5（1993）年4月1日からであった。平成7（1995）年からは元南海電鉄モハ1521系2両編成3本も加わり、在来車を一掃した。

平成19（2007）年6月12日には平賀駅構内で脱線事故が生じ、6月15日からは80分ヘッドで途中交換なしの1個列車運行暫定ダイヤとなり、8月1日からは通常ダイヤに戻るが、快速については廃止となった。

令和元（2019）年10月1日のダイヤ改定では、所要時間が弘前～黒石間29分が下り36分、上り34分と間延びし、平日朝の4両編成が廃止され、黒石発8～15時台、弘前発9～16時台が原則として1時間ヘッドに減便され、29往復から23往復となった。そして、令和5（2023）年9月25日、黒石～境松間でレールに異常が見つかり、昼前から全線運休に。10月2日にバス代行が始まり、10月26日から弘前～田んぼアート間、11月7日から全線の運転を再開した。ただしこの時は夕刻を含めて朝以外は60分ヘッド、18往復とさらに減便がなされ、2024年春から23往復運転に戻っている。

◎平賀　昭和32（1957）8月　撮影：髙井薫平

2-2.弘南鉄道大鰐線

（1）戦後に弘前電気鉄道として開業

　終戦直後の昭和21（1946）年2月、津軽平野の交通整備のため、弘前市長をはじめ地元有力者30余名で、大鰐・石川・千年・弘前・高杉。板柳間35.8kmの鉄道線建設を出願。昭和23年5月7日に免許となり、翌昭和24年7月25日に弘前電気鉄道株式会社を設立。昭和27年1月26日に大鰐～中央弘前間の営業を開始した。この時の車両は元秩父鉄道のモハ101～103、国鉄払い下げのクハニ201～203、少し遅れて元秩父鉄道のモハ105が入線、全車両が中古車であった。

　大鰐～弘前間は、奥羽本線や弘南バスが並走しており、弘前電気鉄道は開業当初から乗客が伸び悩んだ。一時は西弘前（現在の弘前学院大学前）～田代間17.0kmの目屋線の免許も受けていたが、着工することなく板柳延長線ともども失効した。

　弘前電気鉄道の経営は悪化を辿り、昭和45（1970）年10月1日に弘南鉄道に買収された。弘南鉄道大鰐線となった時点で貨物営業は廃止、車庫も西弘前から津軽大沢に移転した。

（2）快速運転で絶頂期を迎える

　タブレット閉塞式であった閉塞方式を単線自動閉塞式に変更したのは昭和51（1976）年10月2日で、基本は30分ヘッドの運行で、新石川（現在の石川）と西弘前で行き違った。鯖石は棒線の停留場であったが、昭和56年10月1日のダイヤ改正で、100m大鰐方に移設して行き違い可能停車場となり、基本を30分ヘッド、行き違い駅を鯖石と津軽千年（現在の千年）に改めた。同時に弘南線に倣って快速列車を朝夕各2往復運行、停車駅は新石川、津軽大沢、津軽千年、西弘前であった。この前年、昭和55年度の輸送人員は335万人、輸送密度は3899人/km日で、弘南線の2/3程度の水準であった。朝夕にラッシュと呼べる流動があり、2両編成を2本つないだ4両編成や3両編成が走行した。

　弘南鉄道における弘南線と大鰐線の関係は、長男と次男のようなもので、車両にしてもサービスにしても、先ず弘南線へ、次いで大鰐線へという順であった。その結果、大鰐線の車両が余りにも見すぼらしくなり、高性能車の導入は大鰐線の方が先になった。先ず、昭和63年10月12日にデハ6000形2両、デハ7000形8両が竣工、平成7（1995）年には弘南線と同時期に南海モハ1521形2両を導入した。

（3）平成以降、旅客の減少が続く

　車掌が乗務しないワンマン運転は弘南線より1年半早く平成3（1991）年10月1日からであった。平成7年からは元南海電鉄1521形2両編成1本も加わり、在来車を一掃した。

　平成12（2000）年4月1日ダイヤ改定で昼間の運転間隔は40分を基本とし、千年～中央弘前間に区間列車が入るダイヤとし、2年後の平成14年4月1日に昼間を60分ヘッドに減便。平成15年11月1日からはATSの使用を開始し、平成18年11月1日には平日の快速列車が廃止された。平成31（2019）年4月14日には中央弘前を発車した上り列車が脱線する事故が発生し、3日間電車の運転が止まった。

　令和元（2019）年10月1日ダイヤ改定では夕刻も60分ヘッドに、早朝と朝の各1往復が廃止され、1日20往復が17往復に減便。所要時間が大鰐～中央弘前間28分が下り35分、上り34分と間延びした。

　そして、平成5（2023）年8月6日11時32分、大鰐を発車した中央弘前行きが宿川原の手前で脱線し、8月22日まで全線運休（8月10日夕刻からバス代行）。その約1か月後の9月25日、中央弘前～弘高下間でレールに異常が見つかり、昼前から全線運休に。10月2日にバス代行が始まり、11月20日から中央弘前～津軽大沢間、12月8日から全線の運転を再開した。なお、大鰐線に関しては平成25（2013）年6月27日の株主総会で、船越弘造社長が平成29年3月で廃止する方針を示し、7月22日に廃止方針を撤回し地元自治体の補助等を得ながら存続しているが、2021年度から5年間は補助金のスキームが確立しているものの、以降については明確になっていない。

3. 南部鉄道

(1) 蒸気鉄道で開業

　陸羽街道（現在の国道4号）は、三戸から五戸、十和田、七戸を経て野辺地に向かう。ところが明治24（1891）年9月1日に盛岡～青森間を一気に開通させた日本鉄道は、八戸に近付くために尻内（現在の八戸）、古間木（現在の三沢）経由で野辺地に向かった。大正11（1922）年9月5日に十和田鉄道（後の十和田観光電鉄）が開業したこともあって、五戸と東北本線尻内を結ぶ鉄道建設の機運が高まった。大正14（1925）年4月27日に免許となり、大正15（1926）年2月21日に五戸電気鉄道が設立された。当初は倉石村大橋付近に発電所を建設して五戸町に電力供給を目論んだが、資金力不足から動力は蒸気・内燃に変更となり、昭和4（1929）年8月23日に尻内～上七崎仮駅間が開業、昭和5（1930）年4月1日に五戸までが全通した。全通時の車両は、蒸気機関車2、ガソリンカー2、木造2軸客車2、有蓋貨車2の計8両であった。五戸電気鉄道から五戸鉄道への社名変更は昭和11（1936）年5月5日であった。戦時中の陸運事業統合では、昭和16（1941）年と昭和18（1943）年に公営3者、民間3社のバス事業を買収し、昭和20（1945）年に南部鉄道に社名を変更した。

(2) 終戦後に絶頂期

　戦中・戦後はガソリンが枯渇したため、蒸気機関車5両を増備して急増する旅客に対応した。五戸鉄道時代の昭和16（1941）年度に30.2万人であった輸送人員が、昭和21（1946）年度71.2万人、22（1947）年度は83.6万人を記録した。石炭の値段が高騰し、非電化私鉄の多くが電化したのもこの頃で、南部鉄道も昭和24（1949）年に電化を計画したが、数年の違いで燃料事情は好転、実施は見送られた。その代案として昭和24・25（1949・1950）年に国鉄からキハ40000形と41000形3両を譲り受け、車両の大型化と気動車運行の再開がなされた。

　昭和30年代前半は年間60万人台、後半は70万人台の旅客を輸送、昭和40（1965）年度は87.2万人を輸送して戦後混乱期の昭和22（1947）年度を上回った。

(3) 十勝沖地震で無念の廃止

　鉄道の幕を引いたのは、昭和43（1968）年5月16日9時49分に発生した十勝沖地震であった。

　37ヶ所で道床が損壊し、レール・枕木が宙吊りとなった。この日から全線で運休となり、復旧費用は2億円近くと見積もられ、当時の鉄道収入の4年分をかける体力はなかった。こうして昭和44（1969）年3月27日許可、4月1日実施で廃止に至った。

　南部鉄道は昭和45（1970）年5月30日に南部バスに社名を変更して営業を続けたが、平成29（2017）年3月1日に民事再生手続きを行って岩手県北自動車に事業譲渡を行い、同社の南部支社となっている。

　南部鉄道の廃線時の車両で他社に転じたものはないが、地震の前年、昭和42（1967）年にDC351が日本冶金工業に譲渡されていた。日本冶金工業は丹後山田（現在の京都丹後鉄道与謝野）から専用線を所有し、運行は加悦鉄道に委託していた。加悦鉄道では主力機として丹後山田からの貨車牽引に当たり、昭和49（1974）年にDD352が入線してからは予備機となっていたが、昭和60（1985）年5月1日の加悦鉄道廃止まで車籍があった。その後は加悦SL広場で保存がなされたが、令和2（2020）年に加悦SL広場が廃止されると、令和4（2022）年4月にフェリーとトラックで輸送されて、ごのへ郷土館の敷地内に搬入されて保存がなされている。

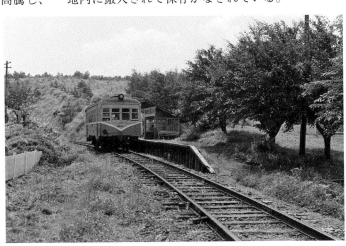

◎県立種鶏場前　昭和40（1965）年7月
撮影：髙井薫平

4.南部縦貫鉄道

(1) 戦後、昭和37 (1962) 年に開業

　旧陸羽街道である国道4号は、三戸から内陸部を五戸、十和田市、七戸を経て北上し、東北本線の前身である日本鉄道が内陸部のルートを避けたのは、八戸に近づけたかったためと思われる。国道4号に近いルートは鉄道敷設法別表で規定されたが、建設の機運は高まらず、東北本線から離れた三本木(十和田市)、五戸は、東北本線に至る鉄道を開通させた。七戸町をはじめとする旧陸羽街道沿いの首長らは戦後の昭和27 (1952) 年に南部縦貫鉄道促進協議会を開催、昭和28 (1953) 年8月に千曳~三本木間が免許となり、同年12月に南部縦貫鉄道株式会社が設立された。

　第一期線となる千曳~七戸間は昭和29 (1954) 年6月から着工となったが、資金調達が進まず、2度にわたって工事中断に陥った。その頃現れたのが政府出資の東北開発で、砂鉄から鉄をむつ市で製造する計画を掲げ、その原料となる砂鉄を天間林村(現在は七戸町)で採掘、その輸送にあたる南部縦貫鉄道に出資を行った。南部縦貫鉄道は昭和37 (1962) 年10月20日に千曳 (後の西千曳) から分岐して、坪、天間林を経て七戸に至る路線を開業、旅客車はレールバス2両だけで、45tディーゼル機関車を用意し、貨物輸送に対して大きな期待を持ち、旅客は大してアテにしていなかったことが読み取れる。先物買いか、砂鉄輸送も始まったが、昭和40 (1965) 年4月23日、政府は、むつ製鉄の企業化を断念。原料の砂鉄輸送をアテにしていた南部縦貫鉄道は、昭和41 (1966) 年5月に会社更生法による更生手続きを申請、会社倒産に至った。

　更生会社となっても鉄道の運行は続いたが、昭和43 (1968) 年5月16日に十勝沖地震が起こり運休となった。この頃、東北本線の線路規格の変更が進められていて、千曳駅を移転して千曳からトンネルで野辺地に向かうことになった。これに合わせて南部縦貫鉄道は旧東北本線の用地を借り受け、野辺地に乗り入れることとなり、昭和43 (1968) 年8月5日に野辺地~七戸間で運転を再開した。

(2) 小学生と、米の輸送

　南部縦貫鉄道と並走する国道4号には、青森~七

◎千曳　昭和38 (1963) 年8月　撮影：髙井薫平

戸～八戸間の急行バスが走っていて、南部縦貫鉄道の七戸駅が十和田市延伸を前提に町はずれに位置したことからも七戸の乗降客は極めて少なかった。旅客列車の運転本数は5～7往復で、乗客の多くは東北本線の移設で不便になった西千曳の高校生、それに天間林の学校に通う小学生であった。開業以来レールバスが主力で、予備車なしで使用を続け、昭和38（1963）年に予備車として導入した昭和38（1963）年に予備車として導入した常総筑波鉄道キハ103は途中から自走が出来なくなり、昭和55（1980）年に元国鉄キハ1045のキハ104が入線した。キハ104は当初、通学生輸送に使用されたが、輸送力が大き過ぎることから七戸の車庫で眠ることが多くなった。こんな南部縦貫鉄道を支えたのは政府米、農業関係の肥料の輸送であった。他に本来行政が行うべき、スクールバスの運転、学校給食の調理・運搬や町内のゴミ収集の業務を会社として行い、タクシー事業とともに会社の経営を支えた。

昭和57（1982）年には、国鉄再建法で国鉄からの切り離しが決まっていた下北線の経営に手を挙げたが、バスの事業者であった下北交通が転換事業者に決まり、拡張の夢は途絶えた。この頃、東北新幹線の建設に関しても、盛岡以北は在来線に新幹線が乗り入れるミニ新幹線方式が考慮された。しかし、新幹線が開業するまでは鉄道を存続させ、新幹線開業の暁には十和田市延伸を目指すが、合言葉であった。

（3）営業休止を経て廃止

収入の綱であり運輸収入の60％を占めていた貨物営業は、国鉄の貨物縮小もあって昭和59（1984）年2月1日に廃止。七戸から三本木（十和田市）への免許は昭和62（1987）年5月29日に失効した。天間林の通学輸送はスクールバスに転換され、鉄道の存在価値は極めて乏しくなった。それでも貨物廃止から13年余り、鉄道の営業は続いた。平成9（1997）年3月末で廃止が報じられ、名残乗車の多さからゴールデンウイークの最終日の平成9（1997）年5月5日まで営業が延長され、廃止ではなく、休止に変更となった。東北新幹線は十和田市と七戸で駅の設置場所を争い、七戸の南部縦貫鉄道営農大学前～盛田牧場前間に駅の設置が決まったこともあって、廃止が休止に変わった。営業最終日が近付くと多客となり、大型のキハ104が走行したのは皮肉な巡り会わせであった。

1年間の休止期限は5回延長されたが、元々営業を再開する熱意は無く、平成14（2002）年8月1日廃止。東北新幹線が新青森まで延伸し、七戸十和田に駅ができたのは平成22（2010）年12月4日であった。旧七戸駅には今も車両が保存され、ゴールデンウイークなどに記念運転が実施されている。

5.松尾鉱業(松尾鉱山鉄道)

（1）馬車軌道が前身

松尾鉱山の歴史は、明治15（1882）年に八幡平茶臼岳中腹で硫黄の大露頭が発見されたことに始まる。大正3（1914）年8月に横浜の貿易商増田屋が松尾鉱業株式会社を創設してから本格的な採掘が始まった。鉱石は、鉱山（元山）～屋敷台間は索道で運ばれ、屋敷台からは大正3（1914）年12月に通じた軌間762mmの手押しトロッコが使用された。トロッコは大正5（1916）年1月に大更（竹花）に通じた時点で馬力に切り替え、馬1頭にトロッコ2両を牽かせた。馬車鉄道の経営権が松尾鉱業に移ったのは大正6（1917）年1月で、この年の11月には岩北軌道好摩～平館間が軌間762mm・馬力で開業すると、屋敷台から好摩までの一貫輸送がなされた。

鉄道省花輪線好摩～平館間が開業したのは大正11（1922）年8月27日で、岩北軌道は廃止され、松尾鉱業馬車鉄道は竹花から大更まで延伸、馬車動力がガソリン動力に変更されたのは昭和4（1929）年7月であった。大更での積み替えを省くべく1067mm軌間の鉄道が計画され、屋敷台～大更間は昭和9（1934）年3月15日に運転を開始した。

（2）隆盛を極めた昭和30年代

専用鉄道から地方鉄道への改組は戦後間もなく、昭和22（1947）年5月30日許可・昭和23（1948）年3月15日実施で、その3年後の昭和26（1951）年8月10日に直流1500V電化が成った。本線用の日立製50t箱型機と、入換え用の27t凸型機2両ずつが新造され、客貨車を牽引した。この頃の松尾鉱山は我が

国の硫黄生産の3分の1を担い、世界有数の硫黄鉱山であった。抗口に隣接した元山地区では昭和26(1951)年から緑ヶ丘アパートの建設が始まり、ほどなく鉄筋コンクリート・暖房完備のアパートが完成した。標高900m級の山の上に近代都市が出現し、昭和35(1960)年当時の松尾村の人口は2万人を超えた。その一方で鉱毒水の処理が完璧ではなく、公害問題を引き起こした。

(3) 天然硫黄の斜陽化により廃止

　隆盛を極めた松尾鉱業だが、昭和40(1965)年代に入ると天然硫黄の需要が減退した。原油の精製過程で硫黄回収が義務付けられると、安価な再生硫黄が大量に出回るようになり、コストをかけて天然硫黄を採掘する必要性がなくなってしまった。松尾鉱業は昭和43(1968)年12月18日に会社更生法の適用を申請して倒産、鉄道部門は昭和44(1969)年12月12日に運休となった。その後、貨物輸送のみ再開、昭和45(1970)年2月1日付けの旅客営業廃止(実施)を経て、昭和47(1972)年10月9日限りで貨物営業も廃止に至った。

　結果としては短命に終わったが、昭和41(1966)年に国鉄クモハ20052・054(元阪和電鉄モヨ100形)を購入して客貨分離を果たした。また本線用50t電気機関車2両は秩父鉄道に転じてデキ107・108となったが、デキ107は平成27(2015)年3月に廃車、デキ108も令和2(2020)年12月を最後に運用から離脱。結果、松尾鉱業鉄道の現役車両は消え去ってしまった。

◎鹿野
昭和34(1959)年10月
撮影：髙井薫平

6.花巻電鉄

(1) 大正時代に軌道線として開業

　南部藩の城下町として古くから栄えていた花巻に、電力供給を行うべく大正時代の初めに設立されたのが花巻電気であった。湯口村松原に水力発電所を建設し、送電線を中山街道沿いに設置することにした。その電力と送電線の電柱を利用して、電車軌道を敷設するアイデアが花巻電鉄のルーツであった。大正2(1913)年2月に花巻電車軌道が設立され、8月30日に花巻川口町(後の西公園)〜湯口村(同松原)間8.2kmに軌間762mm軌道敷設の特許を得た。この特許権は11月11日に親会社の花巻電気に移り、大正4(1915)年9月17日に開業した。開業時の旅客車は木造単車のデハ1のみで、軌道を敷設した道路幅の関係から最大幅が1600mmしかとれず、この狭い車幅は後に「馬づら電車」と呼ばれ親しまれていく。松原から先の松倉までは大正5(1916)年9月の延伸、花巻市内は大正7(1918)年1月に花巻〜西公園間が開業した。花巻は釜石線の前身である岩手軽便鉄道の花巻駅に隣接し、東北本線の駅と少し離れていた。

　松倉以北を電車が走るようになった経緯は複雑

で、最初は軌間762mmの馬車鉄道で開業した。湯口（後の大沢温泉）～鉛（後の鉛温泉）間3.9kmは大正8（1919）年9月許可、鉛～西鉛（後の西鉛温泉）間0.4kmは大正10（1921）年6月に温泉軌道によって馬車鉄道として開業した。花巻から松倉間に電車を走らせていた花巻電気は、大正9（1920）年4月許可で松倉～志戸平温泉間1.3kmを馬車動力で延伸した。花巻電気は大正10（1921）年12月に盛岡電気工業に合併され、温泉軌道も大正11（1922）年5月に盛岡電気工業に合併されて、両者は一つの会社となった。大正12（1923）年5月に志戸平温泉～湯口間2.2kmが開業、松倉～志戸平温泉間が電化され、電車は花巻～湯口間となった。馬車動力時代の詳細は判然としないが、温泉電軌の前身は小田良治氏の個人経営で、許可以前から運行し、大正8（1919）年5月28日許可で温泉軌道に譲渡された。大沢温泉～西鉛温泉間の電化は大正14（1925）年11月1日で、全線が電車運転になった。

（2）軌道線から少し遅れて鉄道線開業

軌道線の西花巻を起点にして、国鉄花巻駅の裏手の花巻（通称：電鉄花巻）を経由して花巻温泉に至る鉄道線は、台鉄道によって大正8（1919）年8月に西花巻～花巻温泉間が免許となった。台鉄道は大正10（1921）年11月に盛岡電気工業に免許を譲渡し、大正14（1925）年8月1日に開業した。600V電気動力で計画を進めていたが、変電所工事や車両の搬入が遅れたことから、岩手軽便鉄道から機関車と客車を借り入れてのスタートとなった。約2か月後の10月3日から電車運転が始まり、以降は温泉客の足として賑わった。

鉄軌道事業が盛岡電気工業の直営事業であったのは約5年間で、大正15（1926）年10月に花巻温泉電気鉄道に分離された。戦時中の昭和16（1941）年10月に「温泉」の2文字が外されて花巻電気鉄道に社名が変わり、戦後の昭和22（1947）年5月に花巻温泉電鉄に再び社名が変わっている。付帯事業であった温泉旅館経営を分離したこともあって社名が花巻電鉄に変わったのは昭和28（1953）年5月であった。

岩手軽便鉄道の国有化は昭和11（1936）年8月1日で、花巻駅は昭和18（1943）年9月20日に東北本線に統合され、駅の移設と同時に改軌がなされた。それとともに当線の旅客列車も乗り入れが無くなり、貨物の積み替えのみが機能する状態となった。戦後に中央花巻が復活するものの、位置は西花巻寄りに移り、利用客は周辺住民等に限られていた。

（3）バス会社の鉄道部門となって全廃

戦後の混乱期を脱した昭和35（1960）年度の輸送人員は鉄道線が166万人、軌道線が122万人で黒字経営であった。車両新造や車体鋼体化改造も積極的に行われたが、黄金期と呼べた昭和30年代が過ぎ、昭和40（1965）年代に入ると途端に規模縮

所蔵：白土貞夫

小に転じる。東北本線仙台～盛岡間の電化は昭和40（1965）年10月1日で、これを跨ぐ中央花巻～西花巻間は橋脚改築が迫られたこともあって昭和40（1965）年7月1日に廃止となった。

軌道線全線と鉄道線西花巻～花巻間の廃止は昭和44（1969）年9月1日、残る鉄道線花巻～花巻温泉間の余命も長くはなく、軌道線全廃から約2年半後の昭和47（1972）年2月16日であった。会社は昭和46（1971）年2月に岩手中央バスに譲渡、さらに昭和51（1976）6月に岩手県交通に統合され、最後の約1年間はバス会社の鉄道部門であった。

7. 岩手開発鉄道

（1）戦後、昭和25（1950）年に開業

大船渡港の後背内陸部地域の振興と地下及び林産資源等の開発を目的として、昭和14（1939）年に岩手県を筆頭株主として岩手開発鉄道が設立された。当初は盛から日頃市、世田米、上有住を経て釜石線平倉までの28.8kmを計画し、昭和16（1941）年に盛～日頃市間を着工したものの、工事は中断に至った。盛～日頃市間が蒸気と内燃動力で開業したのは昭和25（1950）年10月21日で、蒸気機関車と気動車が1両ずつだけで、開業記念列車の客車も国鉄から借り入れるといった有様であった。沿線人口が5000人に満たず、林業以外に産業のない地域で、旅客や貨物が増えるはずもなく、会社は倒産寸前にまで陥った。

再建策として赤崎にある小野田セメント（現在の太平洋セメント）大船渡工場のセメント輸送を鉄道に切り替えることが決定し、昭和32（1957）年6月に盛～赤崎間が貨物専業で開業してから経営が好転した。さらに石灰石を長岩鉱山から採掘することになり、昭和35（1960）年6月に日頃市～岩手石橋間を延長し、石灰石輸送が始まった。

（2）旅客輸送は平成4（1992）年に廃止

昭和35（1960）年に始まった石灰石輸送は、小野田セメント大船渡工場の規模拡大に伴って輸送量を伸ばした。赤崎～盛間の国鉄中継セメント輸送は、船積・トラック積載に移行したことから昭和58（1983）年2月に廃止となり、以降、貨物列車は岩手石橋～赤崎間の石灰石輸送のみとなっている。

旅客輸送は、昭和30年代でも年間10万人程度で、終始、全国の旅客取り扱い私鉄のワースト1であった。長らく盛～岩手石橋間が、朝・昼・夕の3往復と日頃市折り返しが朝・夕各1往復の計2往復であったが、平成元（1989）年に全線が2往復、日頃市折り返し1往復となり、その3年後の平成4（1992）年3月末限りで廃止となった。晩年の旅客輸送人員は年間5万人を割っていて、旅客の赤字を貨物で支えられなくなったというより、使命を終えてという方が正しいと思われる。通学生と、鉄道愛好者以外の利用客はいなかったというのが実情で、廃止に際しても反対運動が起こるようなことはなかった。

旅客営業最終日は、貨物列車を運休にして、7往復の臨時旅客列車が運行され、気動車同士の行き違いも見られた。最終列車はキハ202とキハ301が連結され、運転士2名が乗務して、協調運転を行った。

（3）令和5（2023）年に新型機関車登場

旅客営業廃止後の岩手開発鉄道は貨物専業として営業を続けている。最盛期の貨物列車は24時間体制であったが、セメント需要の減少もあって、平成15（2003）年1月に18往復、同年4月からは夜間の運転を中止して13往復が基本となった。平成23（2011）年3月11日の東日本大震災では津波で赤崎～盛間が被災して全線の運転を休止、半年以上が経過した11月7日に運転を再開した。

貨車18両からなる貨物列車の牽引機は昭和43～48（1968～1973）年製のDD5651～DD5653と昭和52（1977）年製のDD5601の4両から2両使用が長く続いたが、令和5（2023）年7月にDD5602が登場した。基本性能は従来機と大差はないが、前面スタイルの前照灯と尾灯が上下に近付き、外観のイメージは異なる。これに先立ちDD5652は同年2月に廃車となり、盛に留置されている。

（鉄道作家、鉄研三田会会員）

3章
モノクロフィルムで記録された
青森県の私鉄
岩手県の私鉄

【キハ2403、4の2両編成が行く】
津軽鉄道は近代化に積極的で、この国鉄キハ41000形に似て非なる車両が戦後最初の新造車だった。
◎十川〜一野坪　昭和32（1957）年8月　撮影：髙井薫平

1.津軽鉄道

　初めて五所川原を訪問したのは昭和32（1957）年夏のことだった。あれから70年近くの歳月が流れた。五所川原は近年色々な面で話題が耳に入るようになった。東北ブーム、東北5大夏祭り、ねぶたにしても本家青森市のねぶたに対して、地上23メートルの立佞武多（たちねぷた）は素晴らしいものである。ただ、記憶が正しければ当時は聞いたことはなかった。

　東京から直通の夜行高速バスの終点にも五所川原の名が連ねる。しかし、JR五所川原駅舎はコンクリート製のものに建て替えられているが、その駅舎に並んで建てられた津軽鉄道五所川原駅舎は確か当時と変わっていない。

　津軽鉄道に乗り換えるのは国鉄のホームから繋がる跨線橋を利用している。これも確か今も変わっていない。五能線を五所川原で降り、津軽鉄道のホームに向かう。ホームの横は車庫でこれも今も変わっていない。開業以来の蒸気機関車は休車ながら車庫の奥にいた。

　津軽鉄道の歴史はそんなに古くないが、開業の時3両の蒸気機関車を日立から購入している。他の多くの私鉄のように国鉄の中古機関車を使用したのに対し、全部新車で揃えた。津軽人のプライドか、できるだけ新車主義を貫いた。新しいディーゼル機関車が入ると3両の蒸気機関車は1両を残して他に売却した。

　構内を見渡すと、蒸気機関車の隣に木造客車がいた。輸送力が必要な頃でこの木造客車もまだラッシュに出動した。それに箱型のディーゼル機関車がいた。ぼくの知る限り、箱型のディーゼル機関車は珍しい。DD50、DF50形と続いた国鉄の本線用ディーゼル機関車もDD51という凸型ディーゼル機関車の出現で全く変わっていた。森林鉄道に多かった箱型の機関車は、私鉄ではこのDC20形2両のほか、静岡鉄道駿遠線のDD501、1両、新しいところでは大井川鉄道DD20形や関電の機関車ぐらいだろう。

　初めて乗車したのはキハ41000形によく似た機械式ディーゼルカー、戦後の新車で以後津軽鉄道は車両増備に熱心だった。2回目の訪問の時、妙な客車が増えていた。明らかに西武鉄道のクハ1151形でプレスドアはそのまま貫通幌が付きステップの高さは巧妙に改造されていた。他に国鉄キハ20形をロングシートにした様な新車が入っていた。このキハ20形もどきも西武のクハ1151形を牽引していた。他に新潟鉄工所標準型の凸型BB、ロッド式のディーゼル機関車も2両目が入り、国鉄からオハ31形やオハ46形、スハフ33形も入って、輸送力を増強し、ストーブ列車運行の布石を打っていた。

　気動車も平成8（1996）年11月に新鋭気動車津軽21形が入り、現在は5両が在籍する。売り物のストーブ列車も牽引のディーゼル機関車DD351、352に老朽化が進んできたので、虎の子の津軽21形をストーブ列車に紛れ込ませ、最近では重連の気動車が2両のストーブ列車を牽引する運用が定着してきたようだ。

機関車（蒸気機関車・ディーゼル機関車）

金木までの開業のため用意された動力車は日立製の35トンCタンク蒸機機関車である。
3両が製作されたが、同型機は1C1タンク機が多く、Cタンク機は少ない。

【蒸機時代の列車】
蒸気機関車の牽く列車に出会える機会はなかった中で、白土貞夫さん所蔵の古い絵葉書が見つかった。牽引機はA2号機（C352）、2軸客車5両を含む混合列車である。
◎十川鉄橋
撮影時期不明
所蔵：白土貞夫

【C352号機】
最初の訪問時にC352が1両残っていた。DLも2両が揃いもう動くことはないといった風情だったが、中川浩一氏によれば、釜石まで送られ昭和35（1960）年3月解体された。◎五所川原　昭和32（1957）年8月　撮影：髙井薫平

ディーゼル機関車

　ディーゼル機関車DC20形が入線後、2両使用で蒸気機関車を予備とした体制が続いたが、昭和32(1957)年、当時の新潟鉄工所の標準機関車ともいえるＤＤ351が入ると早々DC202を東野鉄道に譲渡、2年後DD352が入線すると、ＤＣ201も東野鉄道に移った。この後、DD351、352の2両体制のまま実に3/4世紀近くストーブ列車の先頭に立っていたが、このところ新鋭気動車の助けを借りるケースが増えている。

【DC20形(201)】
昭和27(1952)年4月に新潟鉄工所で生まれた珍しい箱型のディーゼル機関車。新潟製LH8X型ディーゼルエンジン(150馬力)が車内に鎮座している。
◎五所川原　昭和32(1957)年8月
撮影：髙井薫平

【DC20形(201)】
冬に備えて待機中のDC201。車端に大きなスノウプロウを取り付け、前面窓には旋回窓を装備し臨戦態勢だが、残念ながらこの機関車が単機で除雪に出動した写真にお目にかかったことはない。
◎五所川原　昭和32(1957)年8月
撮影：髙井薫平

【DC20形(202)】
DC201とともに昭和27(1952)年4月製造であるが、新鋭DD35形が作られたため余剰となり、昭和36(1961)年5月東野鉄道に譲渡された。
◎五所川原　昭和32(1957)年8月
撮影：髙井薫平

【DD350形（351）】
昭和32（1957）年に新潟鉄工所で生まれた凸型ディーゼル機関車。前後にDMH17型エンジンを配し、ロッド式駆動で、同型機が茨城交通にいる。
◎五所川原
昭和32（1957）年8月
撮影：髙井薫平

【DD350形（352）】
昭和34（1959）年増備された同型機で貨物輸送がなくなった後も定期の客車列車を牽引した。近年は津軽鉄道名物の観光列車「ストーブ列車」の牽引に使用されていたが、何せ製造から60年が経過し、新鋭気動車（と言ってもすでに車齢20年を優に超えている）の助けを借りるようになった。
◎五所川原
昭和35（1960）年8月
撮影：髙井薫平

【DD350形（352）】
たぶん入線直後の撮影だったと思うが、DD351と比べると、国鉄DD51形を意識してか排気筒が前面窓の中央に収まりスマートになった。2軸連動はロッド式のまま変わっていない。
◎五所川原
昭和35（1960）年8月
撮影：髙井薫平

気動車

　津軽鉄道がガソリンカーを導入したのは、金木開業後で小型ボギーと片ボギーのガソリンカーを導入している。動力近代化はかつて遠い昔計画されたという電化の話は出なかったようで、その代わり内燃化には熱心だった。ディーゼルカーは新造車が多く、他社からの譲り受けは、昭和32(1957)年に三岐鉄道から荷物台付きの機械式キハ1形3両、昭和50(1975)年に国鉄からキハ11形2両、平成元(1989)年にキハ22形3両だけと意外に少なく、旧国鉄の気動車を参考にしたキハ20タイプの新造、さらに平成に入ると津軽21形を名乗る新潟鉄工所のオリジナル車両を導入、現在総数5両でストーブ列車の牽引まで一手に担っている。

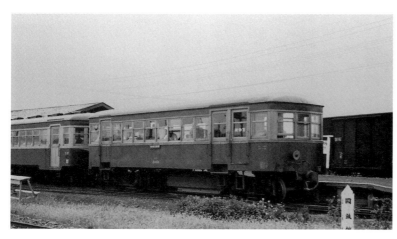

【キハ2400形(2401)】
昭和8(1933)年に日本車輌で生まれた車両。先に登場したキハ1が片ボギー車だったのに対し、キハ2はボギー車で日本車輌の標準型。最初ガソリンカーだったが後にディーゼルカーに改造、その後エンジンを下ろし、荷台を撤去して客車になったが、記号番号は変更されなかった。
◎五所川原　昭和32(1957)年8月
撮影：髙井薫平

【キハ2400形(2402)】
昭和25(1950)年に新潟鉄工所で生まれた国鉄キハ41500形によく似た機械式ディーゼルカー。窓周り形状が少し異なる。新潟鉄工所は同時期に九州の山鹿温泉鉄道にキハ1、2を納入しているが、客用扉の見付を除いてほぼ同一の仕様であろう。
◎五所川原　昭和32(1957)年8月
撮影：髙井薫平

【キハ2400形(2403)】
金太郎掛けの塗分けは湘南電車登場を契機に日本中に流行った。津軽鉄道の場合、塗色も少しくすんだダークグリーンとオレンジ色であった。
◎五所川原　昭和32(1957)年8月
撮影：髙井薫平

【キハ2400形(2405)】
津軽平野に出現した元三岐鉄道のディーゼルカー。昭和27(1952)年7月から9月まで五所川原で開催された平和博覧会の観客輸送のため、気動車から電車に運用が変わった三岐鉄道から救世主として急遽導入した。
◎一野坪〜十川
昭和32(1957)年8月
撮影：髙井薫平

【DD352と並ぶキハ2405】
平和博覧会輸送対応で三重県からやってきた東北ではあまり見かけない荷物台付きのディーゼルカーが、最新鋭機DD352と並ぶ。ちなみにDD352は半世紀以上たった今も現役で残る。
◎五所川原
昭和34(1959)年8月
撮影：髙井薫平

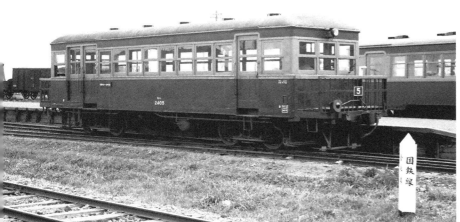

【キハ2400形(2405)】
三重県の三岐鉄道が戦前に新製した旅客輸送の主力だった機械式気動車で、電化後、電車運行が軌道に乗り、余剰になったものを購入した。いわゆるバケット付き車両。バケット中央に取り付けられた小さな車号がアクセントだった。
◎五所川原
昭和32(1957)年8月
撮影：髙井薫平

【ハ１形(5)】
昭和7(1932)年生まれの津軽鉄道最初のガソリンカーだが、戦後、トレーラーになった。気動車時代写真手前側(1軸の動軸側)に荷物台を付けていた。
◎五所川原
昭和32(1957)年8月
撮影：髙井薫平

【キハ2400形(2402+2403)】
国鉄キハ41000形(キハ05形)によく似たこの車両は、戦後最初の津軽鉄道新造車として製作された。車体長はキハ41000形と同一だが、客用扉間の側窓が13枚と少なく車内はロングシート、エンジンは日野のDA55A型であった。
◎五所川原
昭和32(1957)年8月
撮影：髙井薫平

【キハ24000形(24022)】
昭和37(1962)年製の新造車で、主要寸法は国鉄キハ20形に準じるが、寒冷地仕様で窓は1段上昇式になっている。客用扉間には40人分のクロスシートが並ぶ。重連運用が通常だが、写真の様にナハフ1200形を牽引することもあった。
◎津軽中里
昭和38(1963)年8月
撮影：髙井薫平

【木造ボギー客車を挟んだDTD編成】
せっかくの総括制御車の間に木造客車を挟んだ編成。機械式と同様に機関士さんは二人乗務である。
◎五所川原
昭和38(1963)年8月
撮影：髙井薫平

【キハ24000形（24025、24026）】
昭和50(1975)年、国鉄からキハ11形2両を譲り受けたもの。入線時、新潟鉄工所で便所撤去・寒冷地仕様化を行い使用したが、予備的存在であった。
◎五所川原
昭和53(1978)年6月
撮影：髙井薫平

【元国鉄キハ11形が西武鉄道の元電車を牽く】
遠く岩木山を望みながら走るDDT編成。このアングルで見ると西武鉄道のクハ1151形がずいぶん頑丈そうに見える。
◎五所川原〜十川
昭和53(1978)年6月
撮影：髙井薫平

【列車交換】
貨物輸送が華やかだった頃、列車は津軽飯詰でも列車は行き違った。構内をはみ出して停車した貨車の列、先頭はDD351、その後、国鉄の車扱い貨物は減っていき、貨物輸送はトラック輸送に切り替えられて行く。
◎津軽飯詰
昭和38(1963)年8月
撮影：髙井薫平

客車

　津軽鉄道の客車群は開業以来他社からの中古車であった。開業時は武蔵野鉄道（現西武鉄道）から2軸客車を15両譲り受け、その後、木造ボギー車4両に代わり、さらに国鉄オハ31形が3両揃って入ったが、その後、かつて国鉄の急行列車にも使用された広窓20mのスハ43系車両まで入線している。変わったところでは元西武鉄道の全鋼製電車クハ1151形を客車として3両購入した。現在、2両が休車で車籍があり、五所川原で倉庫として使用されている。

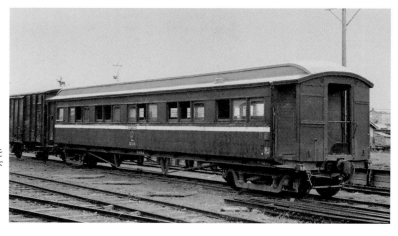

【ホハ12000形(12001)】
昭和29(1954)年、国鉄から払い下げを受けた木造ボギー客車。入線当時は窓下に白帯を巻いていた。
◎五所川原
昭和32(1957)年8月
撮影：田尻弘行

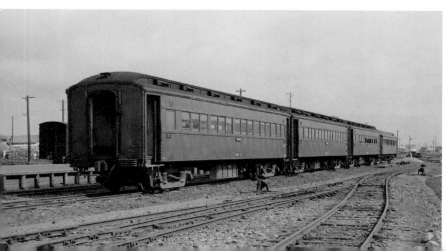

【オハ31形(311～3)】
昭和35(1960)年老朽化した木造ボギー客車に代わって、国鉄から払い下げを受け長く使用した。うちオハ311は芦野公園に記念物として保存されたが、平成19(2007)年JR東日本に返却、現在、大宮の鉄道博物館にある。
◎五所川原
昭和38(1963)年8月
撮影：髙井薫平

【塗分けになったオハ31形】
しばらく国鉄色で使用されたが、その後、気動車と同じくすんだエンジ色とクリーム色に塗り分けられた。3両固定編成で使用され、編成の両端部は非貫通扱いになっていた。開業時の冬期から車内に暖房用だるまストーブを持ち込み使用した。
◎五所川原
昭和38（1963）年8月
撮影：髙井薫平

【芦野公園のオハ311保存車】
廃車後、芦野公園の線路に沿って1両が保存されたが、平成19（2007）年、JR東日本の鉄道博物館で保存されることになって、車体を二つに切断、トレーラーに乗って津軽を後にした。
◎芦野公園
昭和53（1978）年5月
撮影：髙井薫平

【オハフ33形（331）】
ダブルルーフのオハ31形が老朽化したので、国鉄から広窓20mの客車3両を購入し、ストーブ列車の主役として登場させた。置かれたストーブは2カ所でクロスシート1ボックス分を充てている。1時間足らずの乗車時間だが、都会から来た観光客はするめを焼いたりして楽しんでいる。
◎五所川原
昭和58（1983）年5月
撮影：髙井薫平

【キハ24022+ホハ12002】
半鋼製の客車が揃ったのちも、液体式ディーゼルカーに牽かれて、木造ボギー客車ホハ12002がやってきた。少し得したような気がして帰路に就いた。◎五所川原〜十川　昭和39（1964）8月　撮影：今井啓輔

【混合列車】
DD352が牽引する西武鉄道の電車だったナハフ1200形3両の珍しい混合列車。国鉄の貨物輸送の変化で直通貨車の連結はなくなっていく。◎津軽飯詰付近　昭和58（1983）年9月　撮影：髙橋愼一郎

【津軽飯詰における列車の行き違い】
DD351の牽く上り列車は、当時として最新鋭のオハ31形3両に古い木造ボギーを連結している。乗客もほぼ満席のようだ。
◎津軽飯詰
昭和39(1964)年8月
撮影：髙井薫平

【あまり見かけなかった客車列車】
DD352が客車4両を牽いていく。中2両は現在もストーブ列車の主役スハ42形とオハフ33形、前後は西武鉄道から来た元電車のナハフ1200形である。ナハフ1200形は現在運用から外れ休車になっている。
◎津軽飯詰付近　昭和58(1983)年9月　撮影：髙橋愼一郎

【津軽飯詰に到着する。駅には対向列車が待っている】
元西武鉄道の電車だったナハフ1200形は津軽に来て既に59年が経った。
◎津軽飯詰付近
昭和58(1983)年9月
撮影：髙橋愼一郎

貨車

国鉄、JRの車扱い貨物の削減で津軽鉄道の所有貨車は業務用のものが5両残すのみとなった。

【キ100形（101）】
除雪車は車両分類上貨車に属する。地吹雪ツアーをPRする雪国の津軽鉄道としてはどうしても必要な車両の一つだ。昭和8（1933）年鉄道省大宮工場製キ100形キ120を国鉄から昭和43（1968）年譲り受けた。
◎五所川原
昭和32（1957）年8月
撮影：髙井薫平

【タム500形（501）】
平成6（1994）年に国鉄タム500形（タム2848）を譲り受け、社線内（津軽飯詰～津軽五所川原）の燃料輸送に活躍した。
◎五所川原　令和2（2020）年08月　撮影：田中信吾

【トム1形（1）】
開業時に投入された無蓋貨車12両のうちの1両。国鉄トム1形と同形車で側板が下に開くのではなく、中央部に両開きの開き戸（観音開き）が付いている。同形車が私鉄の一部にも見られた。
◎五所川原　令和2（2020）年08月　撮影：田中信吾

【ワム1形（5）】
トム1形と同様開業時に日本車輌で6両が製造された有蓋貨車。写真のワム5は検査表記がなく、廃車後の倉庫代用のようだ。
◎五所川原
昭和32（1957）年8月
撮影：髙井薫平

2.弘南鉄道

弘南鉄道は車両の変化の多かった鉄道である。青森県第3の都市である弘前市を起点に二つの路線が南北に延びている。二つの路線はともに歴史は浅く、昭和45（1970）年に吸収合併する大鰐線は戦後の開業である。本線とも言える弘南線の方も黒石まで達したのは昭和25（1950）年である。黒石線は戦後の電化ブームに乗ってか、昭和25（1950）年に黒石まで電化完成、大鰐線は最初から電化線で開業した。戦後地方鉄道の電化ブームに乗ったとも言えるが、現存する地方鉄道で戦後の電化鉄道は弘南以外残っていないはずだ。

弘南鉄道はあちこちから電動車を集め、制御車は虎の子のボギー客車を自社工場で大改造して対応している。おもしろいのは電動車の単行使用はなかったようで、中古の電動車にこれまで機関車に牽かれていた客車を制御車に改造して2両連結、朝のラッシュには2、3ユニット連結して対応した。それだけ弘前への人の流れが多かったのである。

弘南線は昭和25（1950）年、600V電化されたが、その後、750V、1500Vと2度の昇圧を実施している。車両はすべて他社からの中古車によるもので、ほとんど大きな改造もなく使用してきた。唯一オリジナルな車両は弘前電気鉄道から引き継いだモハ105だけで、これは電機品流用の車体新造車であった。

そんなわけで弘南鉄道の電車は会うたびに顔ぶれが違っていた。電化すぐの数年間は客車改造の制御車に、南海電気鉄道から来た小型車が、ＭＴ編成を組み、これを二組繋げて地方私鉄に珍しい4両編成が走った。時には6両編成もあった。この後、買収国電の時代が続き、クロスシート車も走った。この後東急電鉄からデハ3600系の仲間が大挙入線、ＭＴＴ編成が幅を利かせた。これを2組つないだ輸送力列車もあった。その後南海電鉄から20m、4扉のモハ1521系が入線するが、実は、ぼく自身車庫で寝ているのを見ただけで走っている姿に接していない。

我々を驚かせたのは昭和59（1984）年、国鉄が廃止を決めた黒石線を譲り受けたことである。この黒石線は奥羽本線川部から弘南線黒石近くまで6.6km、途中、前田屋敷駅が1駅あった。地図的には弘前、黒石、川部とデルタで弘前市の北部部の地域を囲む形の鉄道が完成したことになる。車両は弘南鉄道で融通することは出来ず、国鉄で使っていたキハ22形を引き継ぎ、さらに旅客輸送を止めていた小坂鉄道キハ2100形を2両譲り受けた。黒石駅は弘南黒石駅から少し離れていたので、弘南黒石駅に線路を繋げて、検修庫を黒石駅構内に設けた。しかし、利用客は伸びず、平成10（1998）年4月、廃止された。

昭和63（1988）年から東急電鉄のデハ7000系が大挙して入り、従来車が置き換わった。一緒にやって来たデハ6000系も活躍したが、現在、デハ6000系は廃車になり。弘南鉄道は2線とも東急電鉄デハ7000系の天下になっている。雪国だから除雪車は2線に待機している。これを推進する電気機関車を所有しているが、ともに齢を重ねており、最近のJRの傾向など見ると今後の動向に興味が残る。もっともその前に、鉄道自体存続の可否の噂もちらほら聞かれるのが現実のようだが。

電化前の車両

昭和2（1927）年津軽尾上まで開通した時、車両はすべて新車で揃えたという。蒸気機関車2両、ボギー客車3両、貨車15両で内12両が有蓋貨車だったのは、農産物の輸送を目的にしていたからだろう。その後、営業の効率化を図って単車のガソリンカー1両を増備、予備車なしで乗客誘致に努めた。

電化後の車両

　開業から20余年、少ない車両でやり繰りしてきた弘南鉄道は電化を決意、昭和23（1948）年に電化を完成させる。ただ、この時の車両は南海電鉄その他からの中古車で賄った。開業時には全部新車を用意した弘南鉄道であったが、電化を機に方針を転換、車両は他社からの中古車で賄い、この傾向は現在まで続いている。

電化当初の車両から現在まで

　南海電鉄から元加太電気鉄道の3両で、デホ10形11、12の2両とデニホ50形51である。デホ11の電機品はその後買い入れた定山渓鉄道のモハ100形の更新した時の余剰となった空車体と組み合わせている。

　その後も増備を続けるがなかなか中古車の見つからなかった時代、一番身近だった旧宮城電鉄の車両を入れ、その後、元富士身延鉄道の車両がまとまって入線する。

　その後、東北地区の私鉄に自社の中古車売り込みに熱心だった西武鉄道から8両が入り使用した後、東急電鉄から国鉄戦災復旧車名義のデハ3600系一党が大量（20両）に入って、しばらく弘南線の顔になった。さらに昭和63（1988）年に東急電鉄からデハ7000系が大挙して入り、希少なデハ6000系まで入ってステンレス車に置き換わった。この間、何故か南海電鉄のモハ1521系が姿を見せている。

　弘南鉄道は昭和45（1970）年、中央弘前から大鰐温泉の間を結んでいた弘前電気鉄道の経営を引き受け車両の応援なども行っている。

【デニホ51を先頭に堂々の6両編成】
車両不足の時代、車庫には他に何両残っていたことだろう。◎平賀　昭和31（1956）年6月　撮影：三竿善正

【デニホ51形(51)】
南海電鉄が加太電気鉄道から引き継いだ半鋼製合造車を譲り受け電化に間に合わせた。
◎館田～平鹿
昭和32(1957)年7月
撮影：髙井薫平

【クハニ1262形(1263)】
開業時の木造ボギー客車3両は自社工場でデッキ部分を運転台と手荷物室に、大きな客用扉を開けて制御客車に改造して転入してきた電動車とMT編成を組んだ。
◎平賀
昭和31(1956)6月
撮影：三竿喜正

【クハニ1262形(1263)】
前面に鋼板を張って補強しているのが分かる。
◎平賀　昭和32(1957)7月
撮影：髙井薫平

【デホ11+クハ1161】
南海電鉄からやって来た3両のうちの1両、一番小柄な木造車だった。この3両の元南海電鉄の電動車は客車を制御車に改造した3両の相方を務めることになる。
◎平賀
昭和32(1957)年7月
撮影：髙井薫平

【クハ1160形(1160)】
西武鉄道からやってきた元国鉄の木造客車改造の制御車で、西武鉄道では国分寺線などで使用された。弘南鉄道での使用期間は短かった。
◎平賀
昭和31(1956)6月
撮影：三竿喜正

【モハ2220形(2220)】
元宮城電気鉄道が大正14(1925)年に蒲田車輛に発注した車両である。新造当時は直接制御車だったが、国電の一員になってから盛岡工場で間接制御に改造されていた。
◎平賀
昭和31(1956)年6月
撮影：三竿善正

【モハ2210形(2210)】
元定山渓鉄道のモハ100形が車体更新した時余剰になった空車体を譲り受けて、手持ちのデホ11の電装品と組み合わせて電動車として登場した。廃車後、日立電鉄に移った。
◎平賀　昭和31(1956)年6月
撮影：三竿喜正

【モハ2230形(2230)】
JR南武線の前身である南武鉄道の車両で、国鉄で廃車後、秩父鉄道で制御車になっていたものを購入し、手持ちのデニホ51の電装品と組み合わせて再登場、客車改造のクハニ1262形と編成を組んだ。廃車後、日立電鉄に転じた。
◎平賀　昭和31(1956)6月
撮影：三竿喜正

買収国電の本格投入

【モハ2250形(2250)】
国鉄身延線の前身富士身延鉄道の買収車。国有化が早かった線区だったので、モハ93形という国鉄形式を得ていた。長距離用の仕様だったこともあり、身延線から飯田線に転じて長く使用された。弘南鉄道にはクハニも払い下げられている。
◎平賀　昭和31(1956)6月
撮影：三竿喜正

【モハ2250形（2251）】
新しい2色塗り分け、3扉化、ロングシート化工事が行われ、すっかり馴染できたモハ93形。ラッシュ時には4両編成で津軽路のエースだった。
◎平賀
昭和38（1963）年8月
撮影：髙井薫平

【モハ2250形（2251）】
元富士身延鉄道買収国電で、しばらく弘南線の主力車両として使用されたが、この写真撮影後に大鰐線に転じた。称号形式はそのまま制御車として使用された。台車はモハ20形のD20を装着している。
◎平賀
昭和50（1975）年8月
撮影：亀井秀夫

【クハニ1281形（1283）】
元富士身延鉄道の買収車両。国鉄時代まで使われていたトイレは撤去されている。電動車はモハ2251で、かつての富士身延鉄道の編成が再現した。
◎館田~平賀
昭和31（1956）年6月
撮影：三竿喜正

【クハニ1271形（1272）】
国鉄飯田線の最西部区間を建設した伊那電気鉄道のサハユニフ400形で、途中電圧の異なる4社線区間を直通列車の後部に連結され直通した。国有化後、制御車に改造され生涯飯田線で過ごし、廃車後、弘南鉄道に払い下げられ、国鉄飯田線編成が再現した。
◎平賀〜津軽尾上
昭和39（1964）年8月
撮影：今井啓輔

【モハ2231形（2231）】
元富士身延鉄道の車両だけでは電動車が不足するので、西武鉄道から元武蔵野鉄道モハ231形を3両譲り受けてモハ2231形として弘南線に投入した。元富士身延鉄道車に交じって東急電鉄デハ3600系の一党が入線するまで弘南線で使用、その後大鰐線に転じた。
◎弘前
昭和36（1961）年8月
撮影：髙井薫平

国電タイプ車の登場と東急3600系一党の導入

　弘南線の輸送力体制を見直しするため、西武鉄道の国電タイプ2両と国鉄から6両を導入後、ちょうど余剰になっていた東急電鉄のデハ3600系を導入した。

【モハ1122＋クハ2025＋クハ1612】
張り上げ屋根、埋め込み型ヘッドライト、鋼体化とはいえかつての国電モハ50形の一番かっこの良いグループが、奇跡的に弘南鉄道に姿を見せた。なぜか元阪和電鉄モヨ100形の電装解除車を挟んでMTT編成を組む。
◎弘前
昭和53（1978）年6月
撮影：田尻弘行

【クハ1610形（1612）】
西武鉄道からやってきた元国鉄のサハ25形鋼体化車。他車と同様に貫通扉の締切り工事が行われている。東急電鉄からデハ3600系が充足すると大鰐線へ転籍した。
◎弘前
昭和47（1972）8月
撮影：亀井秀夫

【モハ20形（2025）】
阪和電鉄の買収国電で、松尾鉱業に入線し旅客輸送で活躍したが、松尾鉱山の廃鉱により弘南鉄道が譲り受け、国鉄盛岡工場で入線整備を受けた。当初、松尾鉱業時代の仕様で使用されたが、車両重量の関係で制御装置、台車、主動機をモハ2251から転用し低馬力化された。
◎弘前
昭和47（1972）8月
撮影：亀井秀夫

【モハ20形（2025）】
阪和電鉄時代はかつて客車を牽引し「特急黒潮」として有名な名車だ。弘南鉄道では低馬力化され、さらにトレーラーになったが、写真の時代は記号番号がモハのままで使用されていた。弘南線で最期を迎えた。
◎弘前
昭和53（1978）8月
撮影：田尻弘行

【クハ1700形(1700)】
乗客が期待以上に伸びたのか、3両編成化のため国鉄から導入したサハ17形。乗客数が下降に転じたため、昭和59(1984)年に黒石側に運転台を設置し、制御車に改造された。サハ時代の貫通路を埋め、正面窓はHゴム支持となり独特な正面となった。
◎黒石
昭和60(1985)年9月
撮影：亀井秀夫

東急電鉄デハ3600系20両の導入

　昭和50(1975)年から昭和56(1981)年にかけて、弘南線の体質改善を図って、東急電鉄からデハ3600系20両(電動車8、制御車12)を譲り受け、すでに在籍していた旧国電系9両(電動車3、制御車6)と合わせて車両を一新した。その後、余剰になった旧国電系車両は大鰐線の車両更新のため転属した。

【クハ3700形(3778)】
日本車輌で車体を新造した車両。3両編成の先頭に立つが、ラッシュが終わると黒石で寝ていた。東急電鉄からの転入車のジャンパ連結器は42芯に統一されていた。
◎弘前
昭和53(1978)年8月
撮影：髙井薫平

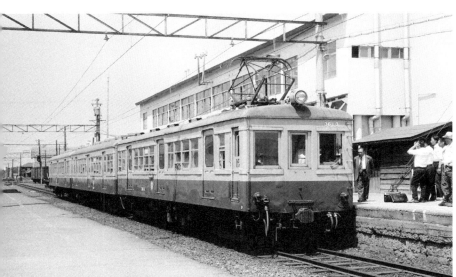

【モハ3600形(3613)】
新日国工業製の車両。東急電鉄時代はデハ3606であった。弘南鉄道にきてから貫通扉は廃止されたが、正面のシルヘッダーは貫通扉付き時代のままだ。
◎平賀
昭和53(1978)年8月
撮影：田尻弘行

【モハ3600形（3601）】
モハ3613と同じく前面の扉は埋められているが、最初から扉などなかったような見事な改造である。
◎黒石　昭和53（1978）年8月　撮影：髙井薫平

【モハ3400形（3404）】
20両のデハ3600系一党と一緒に弘南鉄道入りしたが、制御装置が国電タイプCS5であったため、デハ3600系のグループから離れて、モハ3403、クハニ1272と編成を組み、その後、大鰐線に転属した。
◎弘前　昭和51（1976）年10月　撮影：亀井秀夫

【旧国タイプによるMTT編成】
中間車の運転台側にも幌が付いた見事なMcTcTc編成。ラッシュアワーが終わると、先頭のTc車は切り離されて黒石に留置された。入線時はモハ1120＋クハ1610の2両編成であったが、のちに中間にクハ1614を組み込み3両編成となった。
◎田舎館〜境松　昭和45（1970）年7月　撮影：髙橋愼一郎

電気機関車群

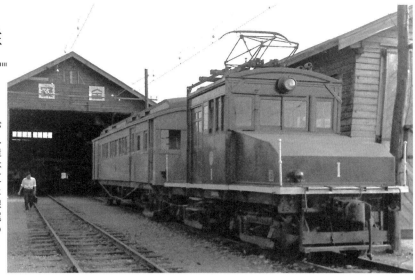

【ED1（ED1）】
昭和23（1948）年7月600V電化が完成し、蒸気機関車に代わって投入されたのは、高野山電気鉄道の木造電気機関車を更新した際の旧車体を流用した凸型電気機関車で、駿豆鉄道（現伊豆箱根鉄道）で使用したものを譲り受けた。電化当時弘南線はまだ黒石に達しておらず、津軽尾上から黒石が開通するのは2年後の昭和25（1950）年7月1日であった。
◎平賀　昭和32（1957）年8月
撮影：髙井薫平

【ED1（ED1）】
大きなキャブは木製であったが、撮影当時には簡易鋼体化されている。ED1は僚機のED2とともに台車や電機品を後輩の電車に転用した。
◎平賀　昭和31（1956）年6月
撮影：三竿喜正

【ED30形（301）】
貨物輸送が好調だった頃電気機関車が不足したので、三井三池港務所で使用する予定のものを、直接譲り受けたものと言われる。電化後、唯一メーカーからの直接新車で入線した。入線当初は直接制御だったが、昭和30（1955）年に間接制御に改造された。
◎平賀
昭和53（1978）年8月
撮影：髙井薫平

【ED33形（333）】
廃車になったED2の代替用として昭和36（1961）年、西武鉄道から譲り受けた元武蔵野鉄道デキカ13が前身である。貨物輸送がなくなった今も除雪用として在籍する。
◎弘前
昭和34（1959）年3月
撮影：髙井薫平

【ED33形（333）】
貨物輸送の任務をとかれたED333。現存する輸入電気機関車として貴重な存在と言える。
◎平賀　昭和50（1975）年8月
撮影：亀井秀夫

【ED22形（221）】
はるか遠く山陰の一畑電鉄（現一畑電車）からやってきた元信濃鉄道の買収機関車で、アメリカ・ウエスチングハウス大正15（1926）年製の古典電気機関車。信濃鉄道、国鉄、近江鉄道、一畑電鉄と流転の旅の後、津軽に安住の地を求めた。現在も大鰐線の除雪用として在籍する。
◎弘前
昭和51（1976）年10月
撮影：亀井秀夫

【華やかだった頃の黒石駅構内】
弘南鉄道は昭和59(1984)年11月19日に国鉄から川部～黒石間の営業を引き継ぎ非電化線であるが黒石線として開業した。国鉄黒石駅は弘南黒石駅と少し離れていたので、弘南黒石駅にこれを結ぶという大工事を行い、積極的に取り組んだが地域の人口減少はいかんともしがたく平成10(1998年)4月に廃止した。写真左は国鉄から引き継いだキハ22形、右手の弘南線ホームには東急電鉄から来たデハ3600系が停車中。◎黒石　昭和63(1988)年8月　撮影：髙井薫平

【旧黒石駅舎】
客待ちのタクシーも停まっていた頃の黒石駅。駅建物に対峙して大きなマーケットがあり、店先にリンゴ箱が積み上げられていたのが懐かしい。
◎黒石
昭和53(1978)年8月
撮影：髙井薫平

【新黒石駅舎】
すっかり賑わいをなくした現在の黒石駅。駅前には黒石名物つゆ焼きそばで名を売った古い飯屋が残るのみ、駅員は確か女性が一人だけだった。
◎黒石
令和5(2023)年3月
撮影：髙井薫平

3.弘前電気鉄道（現・弘南鉄道大鰐線）

　古い鉄道ピクトリアル（17号）の裏表紙に一面を使った三菱電機の広告がでた。それは明らかに秩父鉄道のデハ10形が岩木山をバックに大鰐駅に停車中の構図の広告であり、ぼくはここで初めて弘前電気鉄道の名前を知った。昭和27（1952）年1月に開業した新しい会社である。大鰐駅は国鉄大鰐（現大鰐温泉）駅の東側に1本のホームがあった。乗ったモハ101は秩父鉄道デハ10形そっくり、聞けば弘前電鉄入りに際して仲介の三菱電機が機器を新製し、製作されたらしい。台車はどうしたのだろう？乗った電車は2両編成で相棒のクハニ201は国電のサハ19形の改造と聞いた。津軽平野の南端を走り、弘前市内に着く。中央弘前の駅は土渕川に沿った単線のホーム1本で、さてここから国鉄弘前駅にどう行くのか一瞬戸惑った。駅前の道は狭く、期待したバス停も見つけられなかった。もっともこの後弘前駅にたどり着くのだがどう行ったかの記憶はない。

　弘前電鉄はその後、経営難もあって地元の先輩である弘南鉄道に吸収される。昭和45（1970）年10月のこと、現在は弘南鉄道大鰐線になっている。

開業当初の車両

　弘前電気鉄道は電動車が100代、制御車は合造車を含め200代にまとめられていた。最初に用意された車両の電動車は秩父鉄道のデハ10形で、ちょうど秩父鉄道の近代化計画で木造車の鋼体化が始まった時、余剰になった旧車体を流用した。電機品など主要機器は鋼体化の新車体に転用したので、主要部品はこの新線開業に関わった三菱電機が担当し製作した。

　弘前電気鉄道は昭和45（1970）年弘南鉄道に吸収されるが、しばらくは弘前電気鉄道開業以来の車両付番方法を踏襲した。そのため増備車もしばらくは独自のルールで行っていた。その後、弘南鉄道弘南線から車両が入ったりして、大鰐線固有の車両は減り、弘南線の車両に入れ変わっていった。

【大鰐駅に停車中のクハニ202】
開業に合わせて木造国電サハ19形を譲り受け、制御車に改造し、同時にダブルルーフはキャンバスで覆ってシングルルーフに改造した。それにしても正面の貫通幌はどのくらい使用されたのか。後ろのモハ106は秩父鉄道のデハ52で少し遅れて弘前電鉄入りした車両で非貫通式のままだ。◎大鰐　昭和39（1964）8月　撮影：今井啓輔

【モハ100形（102）】
大鰐線の前身である弘前電気鉄道は三菱電機のバックアップで昭和27(1952)年1月26日に開業した。北東北最初の直流1500Ｖの電気鉄道で、もちろん大株主である三菱電機が担当したが、車両はそう簡単には行かず、たまたまこの頃手持ち車両の鋼体化工事を進めていた秩父鉄道の車両に目を付け、その車体を活用、カテツ工業で再び自走出来る電車に仕立て上げた。もちろん電機品そのほか機器一切は三菱電機が担当した。
◎西弘前
昭和32(1957)年7月
撮影：髙井薫平

【モハ100形（103）】
閑散時間帯にはモハ100形もクハニ200形も大鰐駅のホームの片側を使って多くが留置され、津軽大沢に検修庫が移るまで日常の光景であった。
◎大鰐
昭和31(1956)年7月
撮影：三竿善正

【クハニ200形（201）】
休息をとるクハニ201、日中、大鰐駅で休んでいることが多かった。原形は国鉄の木造車だが、2重屋根はキャンバスを張ってシングルルーフに改造されている。開業当時は茶色1色だったが、その後空色とクリーム色の塗分けになった。
◎大鰐
昭和32(1957)年7月
撮影：髙井薫平

【クハニ200形（202）】
制御車は国鉄サハ19形3両の払い下げを受け、弘前電鉄入り前にカテツ工業で大鰐方に運転台と荷物室を取り付けた。昼間時間帯は単行運転が多かったので、トレーラーは大鰐駅で休んでいることが多かった。
◎大鰐
昭和41（1966）5月
撮影：大賀寿郎

【クハ200形（202）】
昭和36（1961）年に大栄車輛で荷物室を撤去し、クハ202となった。その際、前面を鋼板張りとした。
◎小栗山〜千年
昭和39（1964）年8月
撮影：今井啓輔

【モハ100形（105）】
シングルルーフにお椀型ベンチレータ、運転台脇の窓は引き違いになっている。この車両は弘前電鉄に来た木造車の中で唯一の梅鉢鉄工所製で、正面の雨樋が他車と違って1直線だった。2段窓に見える側窓は中央に中桟を入れたのもガラスの不足をカバーする処方である。台車もD-14型だった。このモハ105は昭和34（1959）年大栄車輛の手で鋼体化されたが、他車に及ばなかった。
◎西弘前
昭和32（1957）年7月
撮影：髙井薫平

【モハ100形（105）】
モハ105は昭和34（1959）年に京成電鉄の車両更新を手掛ける大栄車輌の手でスマートな2扉車に更新された。どこか京成電鉄の車両に似たいで立ちだったが、モハ100形の更新方式はその後続かず、大栄車輌の手により簡易鋼体化された。
◎大鰐
昭和38（1963）8月
撮影：髙井薫平

【モハ100形（106）】
秩父鉄道で戦前所有した2両の半鋼製車モハ50形で、何故か弘前電鉄に移ってきた。茶色い車体に白帯のデザインは秩父鉄道時代そのままである。秩父鉄道ではこのスタイルがその後木造車の鋼体化で生まれたモハ100形に引き継がれていくのだが、弘前電鉄にやってきたこの2両はなぜか廃車が早かった。
◎弘高下
昭和38（1963）8月
撮影：髙井薫平

【モハ100形（108）】
公式的には昭和43（1968）年に西武所沢工場で生まれた新車だが、実際は京浜急行電鉄で車体更新の際不要となったデハ400形の旧車体を西武所沢工場の手持ち電機品で更新した両運転台車両である。もちろん台車は別のものになり、正面に貫通扉が付いて雰囲気も変わっている。
◎津軽大沢
昭和53（1978）8月
撮影：田尻弘行

【クハ200形(201)】
車体が老朽化したクハニ201の置き換え用に、小田急電鉄から古い車体(クハ1459)と台車を譲り受けたもの。昭和4(1929)年生まれと古いが、だが小田急電鉄時代に徹底した車体更新を受けており、比較的長く使用された。現車は弘前電鉄時代に到着していたが、使用開始は弘南鉄道大鰐線になってからだった。
◎津軽大沢
昭和53(1978)年8月
撮影:田尻弘行

【モハ100形(110)】
東武鉄道が戦後の混乱期に地方の私鉄に提供したいわゆる供出車両。元々東武鉄道が吸収した総武鉄道の車両で、上田交通真田傍陽線で使用された後、弘南鉄道にやってきた。
◎津軽大沢
昭和53(1978)年5月
撮影:田尻弘行

【クハ200形(205)】
モハ110と一緒に上田交通から移ってきた。上田交通時代は電動車(モハ111)だったが、弘南鉄道では制御車としてモハ110と組んで使用されることが多かった。出自は国鉄に買収された鶴見臨港鉄道買収のモハ118である。
◎津軽大沢
昭和53(1978)年5月
撮影:田尻弘行

【3連が走る（クハ205＋モハ2253＋モハ110）】
通常はあまり走らないと思うが、珍しく3両編成である。上田交通から来たＭＴ編成の間に弘南線から来た元富士身延鉄道のモハ2253を挟んでいる。
◎新石川〜津軽大沢
昭和53（1978）年8月
撮影：志村総司

【モハ2252＋モハ2251】
弘前電鉄は昭和45（1970）年弘南鉄道に経営が引き継がれ、車両の応援も行われた。とくに東急電鉄からデハ3600系1党が大挙入線すると、従来の弘南線車両が押し出された形で大鰐線に転属した。写真は元富士身延鉄道買収車モハ93形のＭＴ（Ｍ車の電装解除車）編成。
◎中央弘前
昭和58（1983）年7月
撮影：髙橋愼一郎

【ED22形（221）】
大鰐線の除雪用として遠く山陰の一畑電鉄から譲り受けた元信濃鉄道の買収電気機関車、アメリカ・ボールドウイン製の古典機関車だが、兄弟は国内のどこかで健在のはずだ。
◎大鰐
昭和49（1974）年
撮影：髙井薫平

【中央弘前駅舎】
中央弘前駅は国鉄（JR）弘前駅からかなり離れた窪地のようなところにあった。ホーム片面1線で、これは今も変わっていない。
◎中央弘前
昭和58（1983）年7月
撮影：髙橋愼一郎

4.南部鉄道

　尻内という呼び名は懐かしい。ご承知のように現在の八戸である。駅の雰囲気は全く変わってしまったが、今の新幹線のホーム辺りに五戸まで12.3kmの南部鉄道の乗降場があった。ぼくが訪問したのは2回だけである。最初の訪問は昭和32(1957)年で、五戸から少し歩いて尻内に向かう混合列車を撮っている。2度目の訪問は昭和40(1965)年、当時、ディーゼル機関車2両、ディーゼルカーは2両だったが、釧路臨港鉄道のキハ1001を迎えて何とかやりくりしている感じだった。

　訪問して3年後、昭和43(1968)年5月17日、十勝沖地震が発生する。その結果、全線に渡って被害があったとして、全線の運行を休止し、翌年、そのまま全線廃止になってしまう。

　尻内の駅を出て五戸に向けて歩いた。しばらく歩いて行くと上り列車がやって来た。キハ41001がエンジンを下ろしたキハ40002を牽いていた。当時、気動車は釧路から来たばかりの1両を除けば、2両しかなく、やりくりに苦慮していたようだった。

　さらに歩くと今度やって来たのは古い日本車輌製のDLの牽く混合列車。貨車の後ろに釧路から来たキハ41002が連結されていた。終点の五戸に近付くと農場のような木立の中を通った。後で調べると県立種鶏場ということであった。五戸に到着すると先に着いたDB251が庫で整備中だった。あと木造客車ハフ1401は片足を上げていた。釧路からキハ41003が入って、ハフ1401の稼働率は低下したように聞いたが果たして持ち上げた車体が無事台車を履けたかどうか。南部鉄道という名前は昭和11(1936)年5月に五戸電気鉄道という名称から変更したものである。元々日本鉄道が今の東北線を作った時、奥州街道沿いを通るのは勾配がきついため実現できず、列車が走るようになってからかつて繁栄した街道沿いの町が不便な存在となり、これを補填するため、五戸と尻内との間に鉄道を計画したもので、将来さらに街道沿いに電気鉄道を延伸建設する計画であった。計画では具体的に使用する電車の仕様や両数も立案されていたが、その後、規模は縮小され電気鉄道の夢は潰えて、社名も五戸鉄道に改めている。さらに昭和20(1945)年1月に社名を南部鉄道に改めた。

蒸気機関車

　会社設立当初電車を走らせる目論見もあったが、とりあえず蒸気機関車で開業している。しかし、新造車でなく1、2号になったのは国鉄形式1690(1690、1691)で、アメリカ・ピッツバーグ製元水戸鉄道の買収機関車。後に1号は鉄道省仙台鉄道局方式の付番法でC251に改番されている。その後も古い機関車の導入があり、昭和21(1946)年にはC400、401と称する戦時設計の立山重工業製のCタンク機が入り、古典機を一掃した。

【正法寺駅での乗降風景】
運転台の反対側に手荷物等を置く場所が設けられ、窓ガラスに保護棒が入っている。
◎正法寺
昭和40(1965)年7月
撮影：髙井薫平

ディーゼル機関車

　戦後、南部鉄道も動力近代化に苦慮しており、車両メーカーも各社がしのぎを削っていて試作的ディーゼル機関車を登場させている。これは戦後間もなく各社で国鉄向けに競作したのとよく似ている。南部鉄道の場合、日本車輌のDLが最初に入り、その後、国鉄から15トンの構内入換え機が入っているがぼくは見ていない。日本車輌から4年ほど遅れて入った汽車会社製の35トン機は、南部鉄道廃業後、日本冶金工業大江山工場に譲渡されて加悦鉄道が借り入れた。廃車後、加悦鉄道の保存施設に残っていたが、ここも廃園となり、近年、ふる里に戻って地域に保存されている。

気動車

　ガソリンカーは開業時に2両が入り、その後、燃料事情の悪化で客車として機関車に牽かれた。その後、国鉄からキハ40000形などが入ったが、ガソリンカーのままだったり、最後まで車両不足が続いた。

客車

　国鉄から来た木造ボギー客車ハフ1401は唯一の大型客車として重宝だったようだ。他はガソリンカーの車種変更で、これは南部鉄道の得意技であった。

【築堤を行くキハ41001】
南部鉄道を訪れたのは60年以上昔であった。確か尻内から線路沿いに歩いた。そのうち線路は平野の脇の小高い築堤を登っていく。やがて五戸方向から小さなタイフオーンを鳴らしてキハ41001が現れた。
◎豊崎〜志度岸　昭和40(1965)年7月　撮影：髙井薫平

【キハ41001の2両編成】
キハ41001がキハ40002のエンジンを下ろしたハフ40002を牽いてやってきた。この先に30‰の勾配を控えているがDT編成は日常だったようだ。
◎尻内~張田
昭和40(1965)年7月
撮影：髙井薫平

【キハ40001とDC351】
キハ40001は元国鉄キハ40006で、昭和24(1949)年に客車として払い下げを受けた後、エンジンを取り付けて晴れて気動車として復帰した。撮影当時の車体色は濃い青とクリーム色の塗分けだった。右のDC351は昭和25(1950)年製。
◎尻内
昭和31(1956)年7月
撮影：髙井薫平

【キハ41001とハフ103】
キハ41001は元国鉄キハ41094、払い下げ時はガソリンカーだったが、昭和27(1952)年に国鉄盛岡工場で85馬力DA55型ディーゼルエンジンを取り付け、当時の主力車両だった。ハフは開業時から使用していたキハ103のエンジンを下ろしたもので、客車として使用されていた。
◎尻内
昭和40(1965)年7月
撮影：髙井薫平

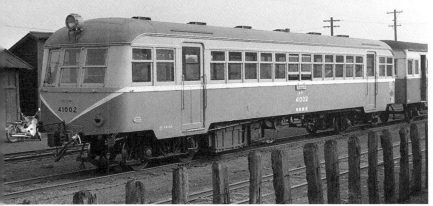

【キハ41000形（41002）】
昭和38（1963）年11月に旅客営業を廃止した釧路臨港鉄道唯一のディーゼルカーキハ1001を譲り受けた。南部鉄道ではキハ41002を名乗るが、国鉄のそれとは関係なく、車体の大きさが似ているキハ41001の後に続きキハ41002となった。
◎尻内　昭和40（1965）年7月
撮影：髙井薫平

【キハ41000形（41002）】
この車の正体は昭和18（1943）年に買収された北海道鉄道のキハ553で、買収後、キハ40363になった車両。いわゆるびわこ号スタイルの流線型である。生まれた当時はクロスシートで北海道鉄道札幌線（現JR北海道千歳線）を快走していた車両。
◎尻内　昭和40（1965）年7月
撮影：髙井薫平

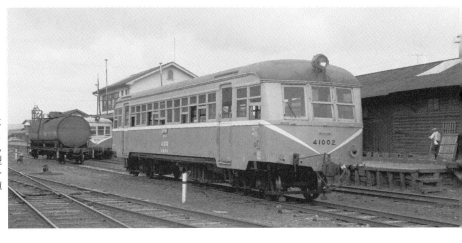

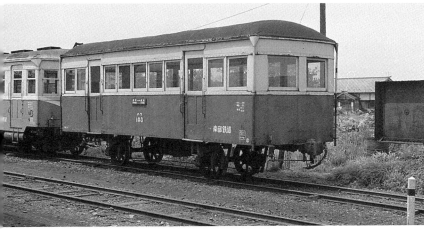

【ハフ100形（103）】
五戸延長の時に増備された2軸のブダのエンジンを付けたガソリンカーだったが、戦時中には客車代用だったらしい。昭和25（1950）年頃に正式に客車として使用されるようになった。
◎尻内　昭和40（1965）年7月
撮影：髙井薫平

【ハフ40000形（40002）】
昭和24（1949）年に国鉄から払い下げを受けた元キハ40011だが、最初からエンジンはなく客車として使用された後、一時期ディーゼルカーとして復活するが、キハ41002が入線すると再び客車になった。
◎尻内　昭和40（1965）年7月
撮影：髙井薫平

【ハフ1400形（1401）】
戦後、国鉄から公式的には木造ボギー合造車ホハユ3250の払い下げを受け、全室客室に改造して混合列車に使用した。元3等室はクロスシート、元郵便室側はロングシートが設けられた。実際の種車はナハフ13539だという現車調査報告がある。
◎五戸
昭和40(1965)年7月
撮影：髙井薫平

【DB251の牽く混合列車】
山肌で待っていたらDB251が貨車2両とキハ41002を牽いて現れた。キハ41002は客車扱いである。
◎豊崎〜志戸岸
昭和40(1965)年7月
撮影　髙井薫平

【DB25形（251）】
昭和27(1952)年、日本車輌製のディーゼル機関車。ディーゼル機関車の開発競争時代初期の作品で、アメリカ・グレイマリン社製船舶用エンジンを使用したが、後にDMH17型に載せ換えている。船舶用エンジンを使用したケースは初期のディーゼル機関車競作時代に多く見られたが、その後国産標準機関に変わっていく。
◎五戸
昭和40(1965)年7月
撮影：髙井薫平

【DB25形（251）】
この写真から動力は第2軸に伝わり、サイドロッドで伝動していることが分かる。この機関車は震災による無念の廃線後、遠く山梨県の採石場に送られたという。
◎五戸
昭和40（1965）年7月
撮影：髙井薫平

【ＤＣ351の牽く混合列車】
DC351は昭和31（1956）年汽車会社製でＤＣ251より一回り大きい。昭和30（1950）年代に入ると汽車会社はディーゼル機関車開発競争で他社に伍して標準化が先行し、汽車会社タイプの機関車を各私鉄に供給を始めている。南部鉄道の急な廃線により日本冶金工業大江山工場に譲渡され、加悦鉄道が借り入れ使用した。同鉄道廃止後も長く加悦SL広場に保存されていたが、現在は五戸に戻って南部鉄道唯一の車両遺産として保存されている。
◎尻内〜張田
昭和32（1957）年7月
撮影：髙井薫平

【C40形（C400）】
戦後増備された戦時設計型とも言える40トン蒸気機関車。戦後の混乱期、ディーゼル機関車が入るまで、救世主として貴重な存在であった。南部鉄道での廃車後、馬橋の鉄道用品に売却され、馬橋に到着した際に撮影された写真。南部鉄道での廃車届は昭和31（1956）年8月だがすでに発送され、その後、川崎製鉄千葉製鉄所でNSU12となった。
◎馬橋
昭和31（1956）5月
撮影：丸森茂男（稲葉克彦 所蔵）

113

【1号機】
開業時、国鉄から譲り受けたアメリカ・ピッツバーグ製のCタンク機関車(国鉄形式1690)は水戸鉄道からの買収機関車で、五戸電気鉄道開業の時に始発列車を牽いた。昭和16(1941)年にC251に改番された。
◎七戸　撮影年月不明　撮影：鈴木茂(宮田寛之 所蔵)

【C25形(C251)】
1号機は昭和16(1941)年12月に仙台管理局方式の付番方法でC251と改番した。その後、新鋭の蒸気機関車が入り、C251号機は栃木県の東野鉄道へ昭和22(1947)年に譲渡された。
◎東野鉄道黒羽機関庫　昭和29(1954)年3月　撮影：髙井薫平

「全国に普及した車両形式東北ルール」

佐竹 雅之

仙鉄式車両形式

鉄道車両には、法令により車両形式を必ず表記をすることが定められている。しかしその表記の仕方までは規定がない。日本の鉄道は国（鉄道院→鉄道省→日本国有鉄道）が主導をしてきた歴史があるため、車両形式は国鉄式に倣う事業者が多く、これは現在までも引き継がれている。一方で、昨今では転換線の第三セクター鉄道などでは社名や愛称などを形式名に含めた独特の車両形式を名乗る場合も散見される。

昭和16（1941）年12月に、当時の鉄道省仙台鉄道局は「仙監理第532号通牒」という指令を管内の鉄道事業者に通知した。その内容とは、管内の各鉄道に所属する車両の形式名称を下表（表1）の通りに改称せよというものである。ちなみにここでいう仙台鉄道局とは、戦後の仙台鉄道管理局→現在のＪＲ東日本仙台支社とは異なり、鉄道省が管轄する陸運監督行政を司る地方官署であり、その地域は東北本線白河駅以北という非常に広いものであった。戦後の日本国有鉄道における仙台・秋田・盛岡鉄道管理局の管内に相当するのだが、地方官署であるのでその管轄範囲は省線のみならず域内の各鉄道事業者にも及ぶ。なおこの指令は当時の仙台鉄道局によるため、正式名称ではないが趣味誌等では「仙鉄式車両形式」と呼ばれている。本コラムではこの名称を用いる。

表（1）

機関車の場合			
動輪数・重量・通し番号		例	
蒸気機関車	添え字なし	動輪3つの10t機の1両目	C101
ディーゼル機関車	頭にDを添える	動輪2つの12t機の2両目	DB122
電気機関車	頭にEを添える	ボギー式の15t機の3両目	ED153

客車／電車／気動車の場合			
国鉄式記号＋下記番号		例	
千の位	単車…0（記載なし）	単車の一両目	ハ201
	木造車…1	木造ボギー式電車2両目	モハ1402
	半鋼製車…2	半鋼製ボギー式気動車3両目	キハ2403
百の位	車輪数…4		
十の位と一の位	通し番号		

貨車			
国鉄式記号＋下記番号		例	
十の位	積載荷重	5t積み有蓋車1両目	ワ51
一の位	通し番号	5t積み無蓋車10両目	ト510

この指令の目的は定かではないが、当時の時局が影響していると推察される。12月といえば真珠湾攻撃のあったまさにその時で、国内行政も一挙に総力戦体制へと移行した時期である。おそらくは管内の鉄道事業者の車両仕様の判別を容易にすることで、非常時輸送の際に国鉄との間で、または鉄道事業者間での車両を融通しやすくすることを目的としたのではないだろうか。

とはいえ、管内には国鉄線に線路が繋がっている1067mm軌間の路線がある一方で、同じ軌間でも路面電車や、そもそも軌間の異なる軽便鉄道もあった。それを十把一絡げにすべて同じ基準の

車両形式にしたところで、その効果の程は疑問符が付く。またその判別する要素も、機関車の場合は牽引力ではなく単に動輪数と重量である。機関車の牽引力は重量にも関係するので一応理解は出来るが、必ずしも1次的には決まらない。さらに、動輪と重量が同じでもテンダーの有無で航続距離も異なる。そのため例えば同じC101という10ｔのC型機があっても、正確な牽引力や航続距離が分からないので、貸す方も借りる方も適切な車両を選択することが出来ない。また客車もせめて車体長で区別があれば旅客定員がある程度推測できるものの、台車の車輪数すなわち単車かボギー車の区別と、なぜか車体の材質による区分である。要するにこの指令の目的はさておき、その形式の付け方は鉄道を全く分かっていない人間が考えたものとしかいえず、実務が分かっていないが役職だけ高い人間が、個人の思い付きで一方的に指令したものとしか言いようがないほど稚拙な指令と言えよう。恐らく指令された側の職員は大変困惑したことであろう。それは、他の鉄道局や本省にその指令がまったく波及していないことからも、この指令の効力が疑問符付きであることが伺える。

戦時中の鉄道は兵器輸送、兵員輸送という戦争に直結する輸送に、また燃料統制によるバスなどの他交通機関からのシフトもあり、監督側の鉄道局も指示された事業者もそれ以上にやるべきことが山積していたはずで、単に東北地方限定の車両形式名変更命令なぞいつしか忘れさられていき、結局終戦までにこの指令どおりに改番した例は数えるばかりである。そのすべてを調べることは出来なかったが、表2に示す確認された数少ない例はすべて蒸気機関車であることから、車両種別によって改番の優先度をあったものと思われる。

ところが戦後の1950年頃からこの形式番号に沿う形の改番をする事業者が出てきた。戦時中に出された行政機関からの指令のほとんどは戦争遂行のために発令されていたために、戦後は効力を失うか、発令した機関そのものが廃止されてしまったケースが多いのだが、どうしたわけかこの指令は生きていたようで、「そういえばこんな指令があったな」と思い出したかのように三々五々対応した事業者が東北地方私鉄の中から出てきた。もちろんすべての事業者というわけではないが、中にはその時に在籍していた車両だけでなく、その後の時代に導入した車両も「仙鉄式車両形式」に

倣う津軽鉄道や十和田観光電鉄のような例もある。

「2400」を名乗った車両達

ここで具体的な例を見てみよう。例えば「2400」という形式は、複数の鉄道事業者で存在することになった。表1の区分によると半鋼製のボギー式旅客車に相当するわけで、これは多くの鉄道事業者で重複することが容易に推測される。実際に「仙鉄式車両形式」を取り入れたその一例が津軽鉄道のキハ2400である。津軽鉄道は、全線開業の2年後の昭和7（1932）年に日本車輌で同社初の気動車であるキハ1という半鋼製の片ボギー車を導入し、その翌年にはボギー式の気動車キハ2を導入した。このうち、キハ2が戦後にエンジンの燃焼方式をガソリンからディーゼルに改造するにあたり、キハ2401を名乗った。同社初のキハ1はというと戦後間もない時にエンジンを降ろして客車にされてしまっており、2400を名乗ることはなかった。このことから津軽鉄道も「仙鉄式車両形式」は戦後になって「思い出したように」導入した事業者であることが分かる。

津軽鉄道はこのキハ2400という形式がこの後乱立する。昭和25（1950）年に自社発注をした新潟鐵工所製の2両も、その後三岐鉄道から導入された3両もキハ2400となり1の位の数字が連番となっている。まさに「仙鉄式車両形式」の通りである。そして同社初の大型近代的気動車もキハ2400となったが、その新型車への思いの強さからか従来車からの連番はやめて一の位に「20」を押し込み、形式名としては見かけ上5桁の「キハ24020」となった。新キハ2400は4両製造されて、さらに昭和50（1975）年に国鉄のキハ11を2両譲受した際も、連番で「キハ24025・24026」となった。平成になってJR東日本からキハ22が導入された時は、さすがにもうキハ2400の呪縛？からは解放されて元形式をそのまま流用し、現在も活躍する新型気動車「津軽21形」はもはやキハすら名乗らない極めて独特な形式だ。

津軽鉄道は今もストーブ列車として客車が現役で、多くの気動車が導入された後もラッシュ運用などに客車が活躍したが、そのうち1両も「仙鉄式車両形式」に倣ったものはなく、津軽五所川原駅構内に残されている開業時以来在籍している骨董的な15t級無蓋貨車「トム1」も、「トム151」と名乗ったことは一度もない。津軽鉄道は気動車に

津軽鉄道 キハ240025　◎五所川原　昭和38(1963)年8月　撮影：髙井薫平

特化して「仙鉄式車両形式」を導入した会社だ。
　同じく青森県下の私鉄で、こちらは残念ながら廃止となってしまった十和田観光電鉄にも「2400」がいた。こちらは電化線なのでモハ2400である。ところで十和田観光電鉄は前身の十和田鉄道の時代は非電化762mm軌間の軽便鉄道だった。十和田鉄道は律儀？に指令が出された翌年に早くも従っている。当時蒸気機関車は3両在籍していたのだが、昭和17(1942)年の1月にC型12t機の1～3号機を全部C121、122、123に形式を変更している。指令が出されてから1か月も経っていない。情報が瞬時に展開される現代ですらこんなに迅速に対応するのは困難であろう。余談だが同じ青森県下の五戸鉄道(後の南部鉄道)はなんと昭和16(1941)年12月に指令通りに改称している。ただし、昭和15(1940)年に国鉄より譲受した旧5300形は、元々は3号機だったのが昭和16(1941)年に指令とはまったく異なる961号機となり、以後同社で「仙鉄式車両形式」に倣った形式は登場しなかった。戦時中に増備した15t機もC154、155としっかりと指令通りだ。ところが、同時期に在籍していた客車に貨車、そして気動車となると一切形式変更をしていない。おそらくは形式改称は機関車を優先とせよ、という指針があったのではないだろう

か？
　十和田鉄道は戦後の石炭不足と輸送力向上のために、昭和26(1951)年に電化と1067mm軌間の改軌を同時に行った。改軌をするわけだからこれまで使っていた車両は全部交換となり、新たな電車が登場した。その形式名にどうしたことか忘れ去られていた「仙鉄式車両形式」が採用された。半鋼製車体のボギー電車、ということでモハ2400を名乗ることになり、同車はモハ、クハ合わせて4両が増備された。十和田鉄道改め十和田観光電鉄は改軌と電化により利便性が大いに向上し、増え続ける乗客に十和田湖の観光に訪れる旅客を捌くため更に車両を増備する。よほど資金繰りがよかったのか、当時の東北地方の電車で最も豪華と謳われた大型の全鋼製車体を備えたモハ3401が登場する。「仙鉄式車両形式」であれば、モハ2405となるところ、この新型電車を特別視したようで新たに3000番台の形式名を起こし、その1号車とした。
　モハ3401は大好評であったため相方となるクハを導入したが、これが非常に分かりにくいがクハ4406を名乗った。今後の車両形式はモハを3000番台、クハを4000番台にしようとしたのだろうか？一の位の6が気になるが、これはモハ2400の4両とモハ3401の次に登場した「6番目」の電車である

117

十和田観光電鉄 モハ3401　◎三沢市　昭和61(1986)年10月　撮影：亀井秀夫

からだ。千の位は様々な意向が反映されたことで必ずしも指令通りではないが、百の位の4はそのまま引き継がれているのが面白い。

　これで十和田観光電鉄の自社発注車は仕舞いとなり、以後は他社から譲渡された車両で増備若しくは置換をすることとなったが、これらには元形式に通し番号を付加したものが割り当てられて「仙鉄式車両形式」は引き継がれなかった。

最も律儀な仙北鉄道

　本書が取り上げる地域からは外れるが、宮城県にあった仙北鉄道も「仙鉄式車両形式」に倣った事業者である。すでに示した津軽鉄道、十和田観光電鉄は車種や適用された時期が限定されるが、仙北鉄道は昭和43(1968)年のその廃業まで、所属していた車両すべてが倣っていた「最も律儀な」事業者である。同社が形式名称を変更したのは昭和26(1951)年6月である。仙北鉄道は沿線が大穀倉地帯で食料難の時代は近隣から多くの人が買い出しに殺到しており、形式変更なぞ実務に何ら寄与しない業務は後回しにされていたのだろうか。形式名称の変更は当時在籍していた機関車、気動車、客車、貨車すべてに適用されている。惜しむらくは単車にも百の位を4にしてしまったところだろう。本来ならここは2になるはずだ。仙北鉄道は非電化の軽便鉄道ながら戦後もしばらく積極的に設備投資がなされ、同社最後の新車が昭和30(1955)年に登場したが、この気動車もしっかりとキハ2406を名乗った。

　改めて俯瞰してみると、「仙鉄式車両形式」を導入した事業者はかつての仙台鉄道局管内の最北端青森県とお膝元の宮城県が目立ち、間の岩手・秋田・山形県および最南端の福島県では見られず、その地域差が大きい。それが単なる偶然なのか、県民性の違いによるものなのか、今となっては知る由もないが興味を惹かれる次第だ。指令から80年経った現在でも「仙鉄式車両形式」の名残があるのが津軽鉄道のストーブ列車牽引機のDD35の2両D351とD352で、「D＋動輪数＋重量＋通し番号」が形式名となっている。機関車以外では十和田観光電鉄の最晩年は予備車となっていたモハ3401で、同社の廃線とともに「仙鉄式車両形式」の旅客車両はすべて消え去った。

（鉄研三田会会員）

5.南部縦貫鉄道

　南部縦貫鉄道は戦後生まれた新しい鉄道だった。建設のきっかけは沿線の天間林地区で産出する砂鉄を国策として計画に上ったむつ製鉄への原料輸送であった。東北開発のむつ製鉄計画は昭和29（1954）年頃から始まったが、昭和36（1961）年になると銑鉄の需要予想に陰りが見え、昭和40（1965）年には事業は断念され、この関連で新造したというディーゼル機関車が残っただけになった。

　南部縦貫鉄道の最初の連絡駅は東北本線千曳駅だった。昭和43（1968）年東北本線が電化された時、この付近の路線は大きく付替えられて、南部縦貫鉄道は千曳駅での国鉄線への乗り換えが不可能になり、このため南部縦貫鉄道は千曳から野辺地まで約5.6km、かつての東北本線の路線を国鉄から借り受けて野辺地まで直行することになった。

　南部縦貫鉄道は何といってもレールバスを使い切ったわが国唯一の鉄道である。ある時期、国鉄では閑散区間のエースとして北は北海道、南は九州のはずれまでレールバスを投入、もてはやされた時代もあったが、その期間は長くなかった。国鉄のレールバスはあまりバスに縁のなかった東急車両が担当した。私鉄でこの南部縦貫鉄道2両以外は北海道の羽幌炭鉱鉄道の1両であった。製造した富士重工はバス製造の部門もあったので、部品の流用は容易だったようだ。その結果バス部品など自動車用部品との共通化も進んでいたが、大きな伸びはなかった。しかし、第3セクター鉄道が生まれた時、少しレベルアップしたレールバスが富士重工で復活、あちこちの第3セクター鉄道に登場するが、ここでもやがてボギー車に変わっていく。

　千曳でレールバスを待つ。まだ使い始めてそんなに歳月が流れていない時期でまだ新しさが残っていた。路線はほぼ一直線に丘陵を上り下りして七戸に向かう。かつて地方鉄道に多くみられた集落に立ち寄るそぶりもなく、広々とした丘陵が多い沿線に展開した。砂鉄鉱が見つかった天間林にはそれらしきものは見つけられなかったが、森林鉄道の軌道をオーバークロスした。何年か経ったある日、車で沿線を走った時、森林鉄道のあとを探したが見つからなかった。

　終点の七戸は構内が広く、車庫の建屋も大きかった。戸外に常総筑波鉄道（現関東鉄道）から来たキハ103がいた。当時唯一のボギー車だったが、後でDLに牽引されて登場した。しかし自走しているのに出会った記憶はなかった。車庫の中をのぞくともう1両のレールバスと、除雪に使うらしい黄色な作業車両がいた。本社を兼ねた駅舎も大きく新しかったが駅に出入りする人は少なかった。

開業時の車両

　会社設立の大きな目的であったむつ製鉄への砂鉄鉱搬送であったからディーゼル機関車を1両、それにあまり人は乗らないだろうということで、レールバスをバスメーカーでもある富士重工に発注、廃業まで使い切った。なお、興味深いのはすでに途中の線路を外された昔の七戸の構内と、少しの路線が残され、年に数回、有志の運営によって鉄道が復活する。全国から同好の士が集まり、この日には国内唯一自走可能なレールバスに火が入り、みちのくの片隅に歓声がよみがえる。

【掘割を行く】
レールバスには数人の乗客が乗っており、車掌さんが車内改札で切符を売っていた。
◎千曳~後平
昭和38(1963)年8月
撮影：髙井薫平

【千曳駅】
東北本線がまだ非電化の旧線を走っていた頃、南部縦貫鉄道は東北本線千曳駅に駅を設けて、乗換駅とした。その後、東北本線の千曳駅は電化複線化で東方に少し移動したので、この千曳駅は西千曳駅と改称、さらに野辺地までの国鉄の旧路線を借り受けて南部縦貫鉄道は路線を延長した形になった。
◎千曳
昭和38(1963)年8月
撮影：髙井薫平

【車庫内】
降雪地帯にある鉄道の車庫は、出来るだけ多くの車両を建物の中に収める工夫がなされることが多い。新参の南部縦貫鉄道の七戸駅構内は広く、全車両を収納しても余裕のある大きな車庫があった。
◎七戸
昭和38(1963)年8月
撮影：　髙井薫平

【千曳駅に停車中のキハ101】
南部縦貫鉄道の千曳駅は防雪林と国鉄線の間に割り込んだように作られていた。貨物列車も走っており貨車の授受のため、構内は側線もあったが、切符売り場は国鉄に委託しているのかホームにはなかった。今思えば駅の外に出てみるべきだったと悔やまれている。
◎千曳
昭和38（1963）年8月
撮影：髙井薫平

【七戸駅構内】
レールバスの車内に積んできた手荷物を3人がかりで降ろしている。
◎七戸
昭和38（1963）年8月
撮影：髙井薫平

【DD45形（DD451）】
幻の砂鉄鉱輸送のために投入された日立製の45トンディーゼル機関車。砂鉄はなくとも当時運ぶものはそこそこあり廃止まで在籍した。地方私鉄の貨物輸送は国鉄の車扱い貨物の廃止で終焉を迎える。
◎七戸
昭和38（1963）年8月
撮影：髙井薫平

【鉄橋を渡るDD451+キハ103】
常総筑波鉄道筑波線から来たキハ103はほとんど自走することなく、もっぱらDD451に牽かれて走っていた。
◎坪川～道ノ上　昭和38(1963)年8月　撮影：髙井薫平

【築堤を行く】
予備車として入ったキハ103は唯一戦前の製造である。もっぱら客車代用の形でDD451に牽かれていた。たまたまの出会いは運が良かったのかもしれなかった。◎坪川～道ノ上　昭和38(1963)年8月　撮影：髙井薫平

【キハ10形（103）】
レールバスの予備車として常総筑波鉄道からやってきた。昭和12（1937）年日本車輌支店製のガソリンカーで、当時ガソリンエンジンを付けていたが、南部縦貫鉄道に来た時はディーゼルエンジンに置き換えられていた。
◎七戸
昭和38（1963）年8月
撮影：髙井薫平

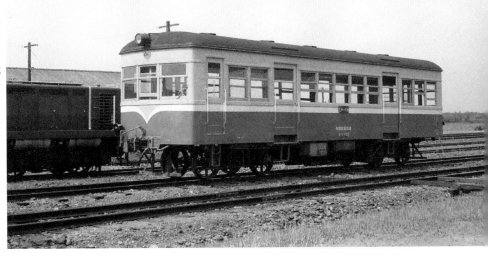

【七戸駅構内で入換え作業中のDD451】
元気だった頃の七戸駅は農産物の出荷が多く、虎の子DD451は構内入換えも大事な仕事だった。
◎七戸
昭和39（1964）年8月
撮影：今井啓輔

【坪駅で列車を待つ】
坪駅での列車の行き違いはなかったようだ。沿線を線路沿いに歩いて行ったのだろうか。キハ103に乗った記憶はなく、ただぼんやりと駅で過ごし、千曳行きのレールバスを待った。
◎坪
昭和38（1963）年8月
撮影：髙井薫平

【七戸駅遠望】
七戸駅は国道4号から少し奥まったところにあった。将来、十和田方向に路線を延ばそうという夢が透けて見えるし、鉄道の中心にするという構想か構内は広く、ホームも2面となった。
◎七戸　昭和38(1963)年8月　撮影：髙井薫平

【鉄橋を渡る】
鉄橋のたもとで待っているとDD451がキハ103を牽いて現れた。混合列車が現れるのを期待していたのでがっかりした。
◎坪川～道ノ上　昭和38(1963)年8月　撮影：髙井薫平

【今日の運用】
キハ101の担当だったようだ。終日、千曳・七戸間15.4kmを往復し、しばしの休息をとる。
◎七戸
昭和39(1964)年8月
撮影：今井啓輔

【キハ101の車内】
七戸に向かう。車内にはかなりの手荷物が積み込まれ鉄道に、とって安定した収入源だった時代。
◎昭和39(1964)年8月
撮影：今井啓輔

【DB11除雪車】
開業に備えて富士重工で製造した除雪用モーターカーだったが、昭和39(1964)年、DB11という記号番号をもらって鉄道車両の一員となった。
◎七戸
昭和39(1964)年8月
撮影：今井啓輔

【キハ10形（104）】
開業以来使って来た2両のレールバスと予備車キハ103では頼りなく、国鉄より大量輸送に適したキハ1045を昭和55(1980)年に譲り受け、車号の末尾「5」を消してキハ104と改番し、大きな改造も受けず使用された。
◎七戸
昭和60(1985)年9月
撮影：亀井秀夫

【七戸駅さよなら】
「さよならレールバス」の大看板がある本社を兼ねる駅舎は、自動販売機が並んだ程度で開業時とあまり変わっていない。
◎七戸
平成9(1997)年3月

【時刻表の張り紙】
「冬期間、風雨等により列車の運行を停止することがありますので事前に七戸駅にご連絡ください」という張り紙。よく考えると不思議な文言、連絡すれば列車が走るのかしら？
◎中野
平成9(1997)年3月

6.十和田観光電鉄

　元々は十和田鉄道という762mm軌間の軽便鉄道だった。東北本線の古間木から三本木まで14.9kmの区間で、観光地として名を馳せ始めた十和田湖の入り口としての古間木（三沢）と、途中の中継地三本木（十和田市）を結ぶものであったが、三本木は現在十和田市を名乗るものの肝心の十和田湖はかなり離れている。762mmの軽便鉄道が「十和田鉄道」を名乗ったのも十和田湖を意識したものだろう。注目すべきは軽便鉄道から1067mmの電気鉄道への変身は早かった。昭和25（1950）年5月起工、762mm軌間の外側に1067mmの軌道を敷設するという新しい工法で、電気鉄道は昭和26（1951）年6月20日改軌電化が完成している。電化を請け負ったのは日立製作所で電動車2両、制御車2両、電気機関車1両を投入している。この時社名を十和田観光電鉄と改称。「観光」を鉄道名に入れたのは初めてのケースで、やはり十和田湖観光を意識したネーミングであった。

　古間木で十和田観光電鉄に乗り換える。古間木の駅舎は東北本線の山側、ちょっと高いところにあった。ホームは質素なもの、駅舎は長屋のような造りで通り抜けができその先にホームがあった。古間木を出ると電車は大きな古牧温泉旅館の壮大な建物の横を抜け、しばらく走って国鉄との連絡線と合流した。後は国道4号線に沿って、単調に走る。田んぼだったり、畑だったり、牧場もあったと記憶する。車庫は終点の十和田市駅構内にあったが、その後は立派な駅ビルになり、十和田湖方面へのバスとの乗り継ぎもよくなったようだが、七百に移転し廃止の時までその後やってくる転属車両のねぐらになった。

　確かに十和田観光電鉄は開業の時、新車で開業した。その後、車両の検査や不慮の事故もあってMc、Tc各1両を増備している。電気機関車も開業から11年後に1両増備している。しかし、自社発注車両はここまででその後の車両の代替増備は他車からの中古車の導入であった。たまたま営業を廃止した北海道の定山渓鉄道から、2両を譲り受けて戦列に加え、車齢の来た2400形の整理を始める。さらに、東急電鉄からデハ3650形、こちらは片運転台だったので、両運転台に改造した。その後、同じ東急電鉄のデハ7700系3編成を譲り受け、最新技術VVVF制御車両の地方進出であった。この後、東急電鉄からデハ7200形を2両譲り受け、両運転台式に改造して戦列に加えた。

　東北新幹線の青森開業によって、十和田観光電鉄は大きな選択に迫られる。東北新幹線の八戸と青森の間に七戸十和田が設けられた。平成22（2010）年12月開業すると、三沢から十和田湖へのアクセスの存在意義もなくなり、平成25（2013）年3月、鉄道営業は廃止した。

改軌・電化の頃

　詳しいいきさつは知らないが、改軌電化に関わる車両や電気設備は日立製作所が担当した。弘前電気鉄道を三菱電機が担当したのと似ているが、日立製作所は車両工場を持っていたから自社製の新車を投入できた。日立製作所は他にも岡山県の備南電鉄開業にも参加し、よく似た車両を納入しているが、十和田観光電鉄ではその後2両の電車と電気機関車1両を新製したが、別のメーカーから購入している。モハ2400形、クハ2400形という形式番号の付け方は、この頃、東北の地方鉄道の車両形式に席巻した東北方式の形式番号に準じていた。ただ両数の少ない地方の私鉄のこと、末尾1桁で分かるように通し番号を1桁目に使用した。電気機関車も改軌とともに新造、その後は1両増備したくらいで貨物は結構あったようだ。

【軽便時代の
ガソリンカーキハ102】
昭和5(1930)年の雨宮製作所製のガソリンカー。雨宮製762mm軌間用のボギー式ガソリンカーは珍しく他に例を知らない。戦時中は客車になっていたが、戦後、気動車に復帰した。ちなみにキハ101は松井車輌製の片ボギー。キハ103は日本車輌製のボギー車で仙北鉄道のキハに似ていた。改軌の時、軽便鉄道時代の車両は古間木駅構内（のちの三沢駅）に集められ、解体されという。
◎絵葉書　白土貞夫 所蔵

【モハ2400形（2405）】
電化・改軌の時、日立製作所で生まれた15m車両。この中型電車は日立製作所が標準型として地方の電化鉄道、新規開業鉄道へ売り込んだ車両の一つである。この撮影地辺りは、現在、巨大な温泉施設が出来上がり、電車はその脇を走っていた。
◎古間木～大曲
昭和32(1957)年7月
撮影：田尻弘行

【モハ2400系ＭＴ旧塗色編成】
電化改軌の時走り出した4両の電車はＭＴ編成を組んでフル活動だった。動力車は電気機関車を含め、3両しかなかったので、電動車が故障すると電気機関車が電車を引いたと聞くがぼくは見ていない。
◎古間木付近
昭和32(1937)年7月
撮影：髙井薫平

【クハ2400形（2401）】
入線からしばらくはモハ2401、2とクハ2401、2の車両番号であったが、その後、モハ2403、2405、クハ2402、2404と改番した。下1桁は通し番号にするという仙台方式が守られた。
◎三本木
昭和32（1957）年7月
撮影：田尻弘行

【モハ2400形（2405）】
新塗装になったモハ2405（元モハ2402）。この頃貨車の出入りは多く、終点の三本木まで国鉄貨車の出入りがあった。開業の時投入された4両の電車は2度の塗装変更を行ってきた。
◎三本木
昭和48（1973）年5月
撮影：田尻弘行

【クハ2400形（2402）】
旧塗装時代の原形を保っていたクハ2402（旧番クハ2401）。
◎古間木
昭和39（1964）年8月
撮影：今井啓輔

129

【モハ3400形（3401）】
電車は開業以来MTそれぞれ2両しかなく、車両故障の時など困った場面もあったので、昭和30(1955)年増備された車両。帝国車輛製で近代的な全金属構造で製作され、鉄道廃止後の今も保存されている。十和田観光電鉄の車両番号は1桁目が通し番号にするというルールがあったようで、最新車両は1番を付してモハ3401になった。
◎古間木～大曲
昭和38(1963)年8月
撮影：髙井薫平

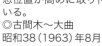

【クハ4406（旧塗装）】
十和田観光電鉄の最後の新車で相棒のいなかったモハ3401の相棒として電動車に遅れること7年、昭和37(1962)年に川崎車輛で製造された。なぜか扉の窓位置が高めに取り付けられている。
◎古間木～大曲
昭和38(1963)年8月
撮影：髙井薫平

【クハ4406（新塗装）】
本来モハ3401の相棒として造られたはずのクハ4406であったが、モハ3401は単行で使用されることも多く、改軌電化当時から使用されるモハ2403、2405と組んで使用されることが多かった。
◎三本木
昭和48(1963)年7月
撮影：髙井薫平

【クハ1200形（1208）】
昭和44（1969）年11月に廃止した北海道の定山渓鉄道からやってきた。モハ1201、クハ1211のカップルで定山渓鉄道最後の純然たる新造車だった。十和田観光電鉄入りにあたって末尾の数字はクハ4406に続く7、8が割り当てられた。
◎七百付近
昭和48（1973）年8月
撮影：田尻弘行

【ED30形（301）旧塗装】
改軌・電化の時、日立製作所で新製された。日に2往復設定されていた貨物輸送の主役だったが、電車（電動車）が故障した時には制御車を客車として牽引したという。
◎三本木
昭和32（1957）年7月
撮影：髙井薫平

【ED30形（301）新塗装】
派手な塗分けになったED301。なんとなく平べったい感じの機関車だった。主役をED402に譲って車庫で寝ていることが多かった。
◎十和田市
昭和53（1978）年8月
撮影：髙井薫平

【ED40形（402）】
川崎車輌で生まれた35トン機関車。ＥＤ301に比べてスマートな車体になり、国鉄貨物の車扱い中止まで活躍した。
◎三沢　昭和38（1963）年8月　撮影：髙井薫平

【十和田市駅構内】
三本木駅は十和田市として整備されるまで車両基地が存在し、十和田観光電鉄の本丸であったが、十和田市駅として整備されると車両基地は途中駅七百に移った。
◎十和田市　昭和53（1978）年6月　撮影：田尻弘行

7.松尾鉱業（松尾鉱山鉄道）

　昭和40（1965）年代に入ると多くの化学製品の主原料である硫黄が石油の脱硫過程で生産できるようになって、わが国の硫黄鉱山はすべてなくなってしまう。松尾鉱山は18世紀初頭からその存在が知られた硫黄鉱山で、万座草津鉱業所とともに日本を代表する硫黄鉱山であったが、昭和44（1969）年閉山になる。松尾鉱山の歴史は古く明治時代に採掘が始まっている。鉱山町の人口は1.3万人まで膨れ上がった。昭和9（1934）年には屋敷台（東八幡平）から国鉄花輪線、大更まで鉄道の建設も行われた。軌間は軽便鉄道から1067mmに変更され、機関車は国鉄からB6形と4110形の払い下げを受けて輸送力を強化、さらに昭和26（1951）年1500V電化されたが昭和44（1969）年の閉山とともに、人口は減り、旅客輸送は昭和45（1970）年2月1日、貨物輸送は昭和47（1972）年10月11日に廃止した。

　この鉄道に行くのは少し厄介だった。確か前の晩、上野を発ち好摩に6時過ぎに到着した記憶がある。この日の目的は小坂鉄道で、新しい電気機関車しかいない松尾鉱山には、乗って終点まで行き引き返す。その間終点には何かあるだろうといった予備知識だった。

　松尾鉱業の列車は何両かの貨車の後ろに、見事な20mクラスの客車が3両連結されており、さらに各車両に特別席のようなコーナーが設けられていたことだった。たぶん本社のお偉方や役所の人の接待用なのだろうが、車掌さんが使ってよいと言ってくれたので、しばし優雅な気分になった。

　屋敷台の構内は鉱山に取り込まれたような立体的な構内だった。突然の訪問に、事務所の方の対応も素晴らしく、突然現れた二人の学生に親切に対応してくれた。おかげで事務所での時間が長くなり、構内に点在する多くの車両をじっくり見ることは出来なくて、消化不良のまま屋敷台を後にした。

　その後、松尾鉱業には出向いていない。機関車や客車が派手な塗分けになったり、阪和線のモヨが入ったというニュースを耳にしたりしたが、ついに再訪の機会がなかった。そして突然天然硫黄の採掘が終止符を打ち、山は廃墟と化した。

【ED50形（ED501）】
国鉄のEF15貨物用電気機関車をBBにした模型の世界から飛び出したような機関車。日立製作所製で昭和26（1951）年に製作された。鉄道廃止後秩父鉄道に転じた。牽引されている客車は20mクラスで種々雑多だった。
◎鹿野　昭和34（1959）年10月　撮影：髙井薫平

【ED50形（ED501）】
電化に対応して日立製作所で製作したデッキ付き機関車で、200kw主電動機を4台備えた強力機である。45トン〜50トンクラスのデッキ付き機関車は、昭和30年代の石灰石輸送で活況を呈していた東武鉄道、秩父鉄道、三岐鉄道、大阪セメント伊吹工場など、それに電源開発の大井川鉄道に登場している。
◎大更
昭和39（1964）年8月
撮影：荻原二郎

【ED502の牽く列車】
対向列車はED502の牽引する貨物列車だった。機関車は派手に塗り分けられていた。松尾鉱業の機関車はその後青色に白帯が定着するが、この時の塗分けはそれと異なり長続きしなかったようだ。
◎鹿野
昭和34（1959）年10月
撮影：高井薫平

【ED50形（ED502）】
タンク車を連結し貨物輸送に従事するED502。廃線後、秩父鉄道へ移籍したが、松尾鉱業時代の車体塗色が秩父鉄道の電気機関車標準色となった。
◎東八幡平
昭和45（1970）年8月
撮影：髙橋愼一郎

【ED25形（ＥＤ251）】
終点の屋敷台には長くいられなかった。構内は上下2段の地帯に分かれていたが、その理由はよく分からなかった。下の区域に東芝府中製作所が作った25トンの凸型電機が停車しており、入換え作業中の小休止といった感じだった。茶色1色のED501に比べ、少し派手な塗分けになっていた。
◎屋敷台
昭和34（1959）年10月
撮影：髙井薫平

【ED25形（ＥＤ251）】
東八幡平の構内で入換え作業に従事しているED251。国鉄からの直通貨車には袋詰めされた硫化鉱粉末が搭載されているようだ。
◎東八幡平
昭和42（1967）年5月
撮影：荻原二郎

【東八幡平構内】
1回きりの訪問の時、終点の屋敷台の構内は広く、複雑な線形だった記憶があり、この写真とかなり違ったイメージであった気がする。屋敷台駅は東八幡平駅へ昭和37（1962）年に改称された。
◎東八幡平
昭和45（1970）年
撮影：髙橋愼一郎

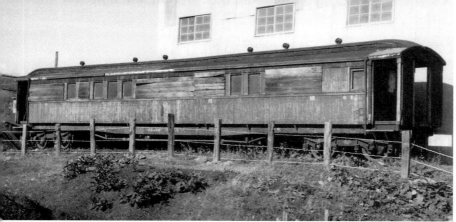

【ホハフ6廃車体】
屋敷台の構内に昭和26(1951)年に廃車された日本鉄道出自の木製ボギー雑形客車が留置されていた。松尾鉱業への入線は昭和24(1949)年。魚腹台枠とトラス棒が目立つ。
◎屋敷台
昭和34(1959)年10月
撮影：髙井薫平

【スハ32形（スハフ7）】
元国鉄スハ32671で、入線時に福島製作所で洗面所・便所を撤去して車掌室に改造を行い、手用制動装置が装備された。座席は板張り長手腰掛に変更され、吊革を取り付けた。座席定員が84名となった。
◎大更
昭和39(1964)年8月
撮影：今井啓輔

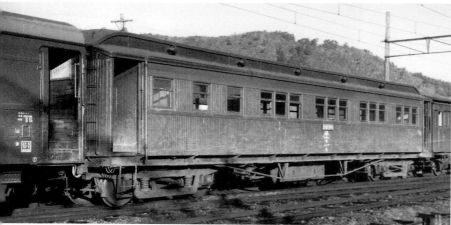

【ナハフ14100形（ナハフ8）】
元国鉄ナハフ14381で、入線時、日車支店で改造された。比較的原型を留めていたが、洗面所、便所を撤去し、客室・車掌室に改造を行い、座席を板張長手腰掛に変更した。側窓は2段上昇式に改造されている。他の客車と同様に昭和36(1961)年に踏段の改造が行われた。
◎屋敷台
昭和34(1959)年10月
撮影：髙井薫平

【オハフ32形（オハフ9）】
戦災廃車されたスニ3018を譲り受け、日車支店で改造された車両。オハフ32形という紛らわしい形式を持つが、旧車体の台枠形状・全長も異なり、旧車から部品を流用し車体を新製したように思える。連結面寄りの窓2つ分は特別室（職用室）に充てられている。
◎屋敷台
昭和34(1959)年10月
撮影：髙井薫平

【スロハ32形（オハフ10）】
形式が示すように元国鉄スロハ321ということだが、国鉄盛岡工場で二等室の一部を職用室に改造し、二等室の一部と洗面所・便所を撤去して長手腰掛に改造した。側面の窓割りは大きく変化している。やはり特別室（職用室）が付いていた。
◎屋敷台
昭和34(1959)年10月
撮影：髙井薫平

【オハフ32形（オハフ11）旧塗装】
元々国鉄のナハフ14100形の払い下げを受け、国鉄盛岡工場で国鉄オハ61形に倣って鋼体化改造され、車体を20mに伸ばしている。手前窓二つ分は特別室（職用室）になっていた。
◎屋敷台
昭和34(1959)年10月
撮影：髙井薫平

【オハフ32形（オハフ11）新塗装】
松尾鉱山の盛況時代、人の移動が多かったのか、20m級客車を連ねた混合列車が運転されていた。それらの塗装は最初ごく一般的な焦げ茶色だったが、その後、ブルーと薄いクリーム色の塗分けになった。
◎屋敷台
昭和34(1959)年10月
撮影：髙井薫平

【ユニフ2661形(ユニフ1)】
専用鉄道時代から働いていた三等四輪緩急車ハフ1を昭和29 (1954)年に自社工場で腰掛を撤去し、郵便荷物緩急車に改造した。郵便輸送に必要だったのか定期列車に連結されていた。
◎屋敷台
昭和34(1959)年10月
撮影：髙井薫平

【ハユフ3450形(ハユフ4)】
越後鉄道ハユ2が昭和2(1927)年に買収されハユ3451となり、昭和9(1934)年に専用線時代の当線に入線しハフ4として活躍した。その後、ハユフ4に改造されたが、昭和27(1952)年に郵便室を縮小し、客室定員を16名から20名に増員した。
◎屋敷台
昭和34(1959)年10月
撮影：髙井薫平

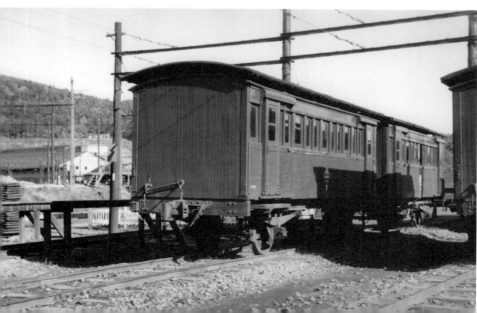

【ハフ2661形(ハフ5)】
専用鉄道開業以来使用されてきたマッチ箱客車で、車内は中通路式に改造されている。
◎屋敷台
昭和34(1959)年10月
撮影：髙井薫平

【クモハ20形（クモハ201）】
買収国電の中で突出した車両性能を有した阪和電気鉄道の電車たちは、阪和線で国鉄型電車と伍して長く使用されたため、また、車両の大きさから地方私鉄に第2の人生を送るものは皆無と思われたが、松尾鉱業で奇跡の復活を遂げた。
◎大更　昭和42(1967)年7月
撮影：荻原二郎

【クモハ201車内】
本来は特急「黒潮号」としてクロスシートを備えた2扉車だったが、国有化後3扉に改造された。それにしても地方の鉄道にしては乗客が多かった。
◎昭和45(1970)年
撮影：髙橋愼一郎

【クモハ201が東八幡平構内を行く】
クモハ20形2両の仕事は1両で旅客輸送することと多客時には客車を牽引するとこと聞いたが、客車を牽引するシーンに出会ったことはなかった。
◎東八幡平　昭和45(1970)年
撮影：髙橋愼一郎

【停車中のクモハ201】
前勝ちに見るとモヨ100形はかくありなんと思う。
◎東八幡平
昭和45(1970)年
撮影：髙橋愼一郎

8.花巻電鉄

　東北本線の花巻駅からは花巻温泉と西鉛温泉に行く電車が2系統出ていた。東北本線花巻駅の跨線橋を渡って花巻電鉄の乗り場に行くと2本のホームがあり、右側が花巻温泉行の鉄道線、左手には西鉛温泉へ行く軌道線のポールカーが停車していた。乗った電車はMT編成、例の幅の狭いデハ1が少し幅広のトレーラーを連結していた。道幅が狭く、軒にあたる恐れがあると、車体幅の極端に狭い電車が生まれた花巻電鉄だったが、沿線（軌道線）の改良も進んだようでぼくが訪問した時、すでに幅の狭いトレーラーはなく、更新の遅れた電動車だけが鉛線（軌道線）の主力として働いていた。車内に入ると確かに狭い。国鉄2等客車のクロスシート位しかない。それでも吊革が2列付いているから、立席は織り込み済みなのだろうが座ってみると向かい席の人の膝頭との間隔は30センチもない。運転手さんはと見ると当然運転台にいるわけだが、椅子もなければ客室を隔てる仕切りは何もない。それでも彼は正面を見つめ、電車は出発した。しばらくゴロゴロ走ってすぐ停車、西花巻である。ここで運転手さんは降りていき、トレーラーを切りはなし電動車が走り回って反対方向の先頭に立った。西花巻から先は線路が続いており、国鉄線オーバークロスしていくと中央花巻である。かつて中央花巻は岩手軽便鉄道の連絡駅であった。岩手軽便鉄道は国有化により、国鉄花巻駅に届いた。

　鉛温泉に行く電車は少しずつ線路を延ばした。大正4（1915）年の開業は途中の松原まで、ここに盛岡電気工業の発電所が出来ていた。大正12（1923）年5月に大沢温泉まで、この時、大沢温泉以遠の温泉場までは馬車鉄道に接続していた。西鉛温泉まで電車が届いたのは、大正14（1925）年11月だった。一方花巻温泉は比較的新しい温泉場で、大正12（1923）年開業したが、一つの会社組織だった。こちらの方は軌道法でなく地方鉄道法による立派な鉄道である。花巻の駅では向かって右側のホームから発着する。同じＭＴ編成が多いが電車の車体は気持ち一回り大きい。鉛温泉までほとんどのレールは砂利道の北側に敷かれていた。周囲は豊川に沿った田園地帯の中を走る。そして鉛温泉に近付くと家並みが増えて電車は軒をかすめて走る。軒の庇のあちこちの角が削り取られているのを見つけた。どうも電車が軒にぶつかるので削り取ったものらしい。そしてホームもない停車場の側線に無蓋貨車が1両停車していた。

　鉛温泉を出てしばらく行くと西鉛温泉に着く。いまでこそ温泉ホテルが鎮座するが、あの頃駅の周りには何もなかった。機回り線と側線が一つ、駅舎もホームもなかった。湯上りにもう一度西鉛の駅に行ってみる。辺りは真っ暗で街灯が一つ二つ点っているきりで、やがて単行の電車が現れ、降りてきたのは二人、運転手さんと車掌さん、ポールを上げ下げして、ポッとスパークが光った。そして時間が来たのか電車は静かに坂を下っていった。時計を見るとちょうど20時、後で調べたら今日の最終電車だった。

【デハ1形(1)(軌)+サハ200形(軌)】
国鉄の花巻駅に接する花巻駅を出た後、電車は西花巻でスイッチバックし、電動車を付替えた西鉛温泉行きの電車は、狭い坂道を下り豊沢街道の西公園電停まで下りてくる。
◎西公園～西花巻
昭和38(1963)年8月
撮影：田尻弘行

【デハ1形(3)(軌)+サハ200形(軌)】
軌道線の半鋼製電動車が鉄道線木造付随車の改造名義で製作されたサハ200形を牽く。
◎西公園
昭和32(1957)年8月
撮影：髙井薫平

【デハ1形(3)(軌)】
花巻名物の軌道線の超幅狭電車。車内幅は1360mm。
◎花巻
昭和41(1966)年10月
撮影：林嶢

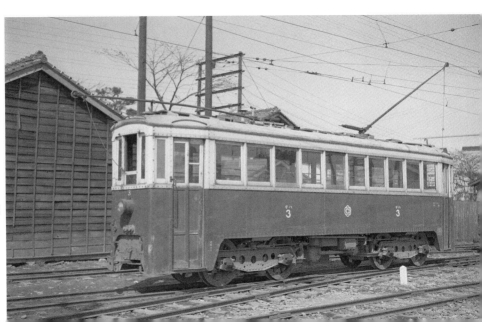

【デハ5形(5)(軌)】
昭和7(1932)年8月の車庫火災時、焼失を免れた木造車デハ5はかつての鉛線(軌道線)唯一の生き残りで、他の焼失車(デハ1、3、4)はほぼ同じ寸法で半鋼製車に生まれ変わった。
◎花巻　昭和41(1966)5月　撮影：大賀寿郎

【デハ5形(5)(軌)】
竹製のはしごを吊り下げ、架線修理作業用になったデハ5。木製車両として最後まで残った。
◎花巻　昭和41(1966)年10月　撮影：林嶢

【雪中のデハ5(軌)】
除雪用のスノウプロウはついていないが、どうも営業運転ではないようだ。
◎鉛温泉付近　昭和40(1965)年1月　撮影：大野眞一

【無蓋貨車を連結するデハ5（軌）】
架線点検や線路保守に使用されていた最後の木造車デハ5。工事資材を積んだ無蓋車を連結し、出動準備中らしい。
◎花巻　昭和38（1963）年8月　撮影：髙井薫平

【サハ1形(3)(軌)】
車庫の裏手に回ったら小さな木造車が放置されていた。大正15(1926)年に雨宮製作所で軌道線用木製単車として生まれ、昭和18(1943)年にボギー車に改造したものだが、正面の感じなど、その後のボギー車に似ている。とにかく小さな車両だった。
◎花巻
昭和32(1957)7月
撮影：髙井薫平

【デハ1(鉄)＋サハ1(鉄)】
やってきたのは鉄道線のMT編成である。鉛の湯に行く砂利道がかなり改善されたのか、鉄道線の旧型木造電車である。実際の線路道の改良は未完成で、突き出た軒の先を削り取ったりそれなりの苦労はあったようだ。
◎渡り付近
昭和33(1958)年8月
撮影：横瀬弘志

【デハ2(鉄)＋サハ4(鉄)】
ともに鉄道線開業当時から使われた木造ボギー車。鉄道線に大型の新車が入り、また鉛線(軌道線)の改良も進んだので、幅の広い鉄道線の旧型車が鉛線(軌道線)に入るようになった。
◎渡り
昭和31(1956)年6月
撮影：三竿善正

【デハ3形(4)(鉄)】
花巻温泉まで行く線区は法規上の鉄道であり、車体幅も軌道線の車両と違って一般の軽便鉄道の電車と同じである。軌道線と同じ雨宮工場の製造である。
◎花巻
昭和41(1966)年10月
撮影：林嶢

【デハ4(鉄)+サハ203(軌)+サハ202(軌)】
戦前からの鉄道線の電動車の生き残り、デハ4が木造ボギー附随車を鋼体化したサハ200形を2両も引いて鉛温泉から帰ってきた。
◎石神付近
昭和38(1963)年8月
撮影：田尻弘行

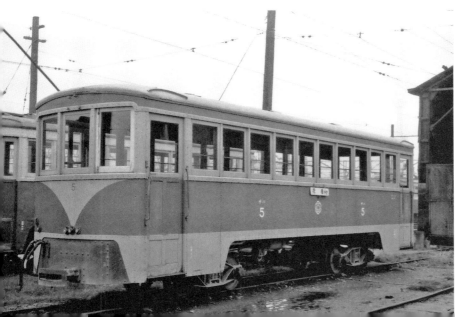

【サハ5形(5)(鉄)】
元々鉄道線の木造トレーラーだったが、昭和7(1932)年8月16日の車庫火災で焼失、雨宮工場で半鋼撮影者製車体に復旧させたもので、木製車体の車とは違う雰囲気を持つ車だった。この火災は電動車5両、附随車3両を失う大きな被害となり、当時線路がつながっていた岩手軽便鉄道から蒸気機関車2両を含め4両などを借り入れている、デハ55、56とともに戦後の花巻電鉄を支えたトレーラーで、鉄道線の主役だった。
◎花巻
昭和41(1966)年10月
撮影：林嶢

【デハ22（軌）＋サハ204（軌）】
花巻で国鉄線からの乗り換え客を持つ。車体も一回り大きくなって、もう車内で前の人と膝がぶつかる心配はなくなった。西鉛温泉行きの電車は最後までポール集電であった。◎花巻　昭和41(1966)年10月　撮影：林嶢

【西鉛温泉に近付くモハ28（軌）】
モハ28は鉛線（軌道線）用の唯一の新車で、鉄道線の新造車デハ57のあとを追ってモハ28になった。軌道（鉛線）専用だから集電はポールである。温泉は電車の向こう側の谷に沿って建てられている。
◎西鉛温泉付近　昭和41(1966)5月　撮影：大賀寿郎

【西鉛温泉終点】
到着したモハ28（軌）が電車の進行方向が変わるので、ポールは両方とも降りた状態。駅舎のような建物の大きな看板は、駅名でなく近くの旅館の名が大書されている。
◎西鉛温泉
昭和41（1966）5月
撮影：大賀寿郎

【デハ55形（55）（鉄）】
花巻温泉駅で入換え作業中のデハ55。温泉町の入り口として鉄道が有力な輸送機関だった懐かしい時代。
◎花巻温泉
昭和38（1964）年8月
撮影：髙井薫平

【黄昏時の花巻温泉駅で】
構内に灯りが点りはじめ、花巻行電車は出発準備が完了したようだ。
◎花巻温泉
昭和38（1963）年8月
撮影：髙井薫平

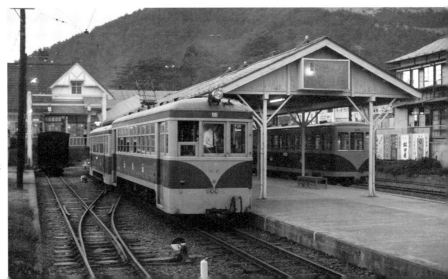

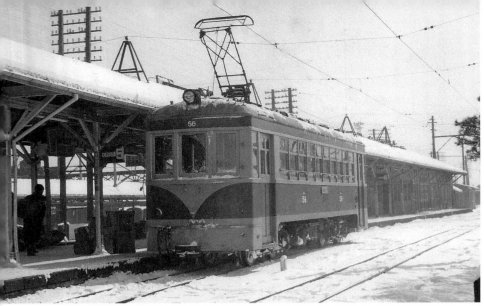

【デハ55形(56)(鉄)】
デハ55と同時に生まれたが、集電装置はデハ55がビューゲルだったのに対し、デハ56はパンタグラフを装着、その後Ｚパンタに交換された。
◎花巻
昭和40(1965)年1月
撮影：大野眞一

【デハ55形(57)(鉄)】
昭和33(1958)年に登場した新造車。正面窓が2枚になり、日本車輌のデザインの良さを感じるが、運転台は中央にあり、目前の中柱は悪評だったのか、結局この後の車は正面3枚窓に戻った。出入り口の扉は1枚になったので、すっきりしたが扉構造は複雑になっている。
◎瀬川
昭和36(1961)年9月
撮影：髙井薫平

【デハ56(鉄)＋サハ103(鉄)】
鉄道線用の2両の新造電動車は日車支店製デハ55に続いて少し遅れて汽車会社東京で生まれた。
◎花巻温泉
昭和36(1961)年9月
撮影：髙井薫平

【サハ100形（101）（鉄）】
デハ55、56とともに戦後の花巻電鉄を支えたトレーラー。昭和29(1954)年日車蕨工場製。鉄道線の主役だった。
◎花巻
昭和38(1963)年8月
撮影：髙井薰平

【サハ105形（105）（鉄）】
昭和38(1963)年モハ28とともに作られた花巻電鉄最後の新車である。サハ106と2両が日車蕨工場で生まれた。鉄道線でなくもっぱら鉛線（軌道線）で使用された。
◎花巻
昭和41(1966)年10月
撮影：林嶢

【サハ202（軌）+サハ203（軌）+デハ4（鉄）】
サハ200形は鉛線（軌道線）用に生まれたトレーラー。牽引しているのは元鉄道線用のデハ4である。鉄道線用の旧型電動車は鉄道線に新車が入り、鉛線（軌道線）の細い電車に代わって鉛線（軌道線）に入ることが増えた。鉄道線と鉛線（軌道線）の車両は同じ番号の車両が存在することで知られるが、あまり気にしなかったようだ。
◎石神付近
昭和38(1963)年8月
撮影：髙井薰平

【キハ801】
元遠州鉄道奥山線のディーゼルカーで、花巻電鉄入りした理由は定かでない。ただ、この車両が営業に出たという記録にぼくは接していない。入線時、遠州鉄道時代の簡易自連は朝顔形に取り換えている。また、花巻電鉄では当時珍しい広告車両になっている。せいぜい廃線レール撤去には使われたかもしれないが、5回ほど営業運転したという記録もある。
◎花巻
昭和41(1966)5月
撮影：大賀寿郎

【EB61】
鉄道線開業の時、東洋電機で造られた自重6.5トンの小さな凸型電気機関車。22.4Wのモーター2基を持ち、試運転ではサハを3両牽引した記録がある。集電装置はポール1本で、終点に着くとポール回しを行う。写真では修理中か車輪が抜かれ台の上に鎮座している。
◎花巻　昭和32(1957)年7月　撮影：髙井薫平

【EB61】
ポールはついていないが、修理中なのだろう。この機関車の特徴は斜め正面から見るその面構えである。縦長の大きな窓の下、左右の尾灯、大きな前照灯が正面のスタイルを整えている。
◎花巻　昭和36(1961)8月　撮影：西原博

【ワ1形(3)(軌)】
電気機関車は引退し、貨物列車の設定はなくなったが、たまに大きな荷物が有るとこの小さな有蓋貨車が電車の後ろに連結されて走った。
◎花巻
昭和41(1966)年10月
撮影：林峻

【EB61】
この写真も残念ながら車輪が付いていない。ぼくが訪問した時は貨物列車の運転はなく、それでもポチポチ余った手で修理をやっているといった風情だった。よく見ると尾灯にはレンズ切り替え機能があるようで製作者の遊び心を感じる。
◎花巻　昭和32（1957）年7月　撮影：髙井薫平

【EB62】
戦後沿線に作られるダム工事の資材輸送を目論んで、改軌で失職していた元下野電気鉄道の5、6号のいずれかを譲り受けたものといわれる。ダム工事そのものにかかわることはなかったようで，EB62を名乗ったものの走ったことがあったか疑問。◎花巻　昭和32（1957）年7月　撮影：髙井薫平

【デハ21（軌）＋サハ5（鉄）】
軌道線用の新車デハ21が鉄道線用サハ5を牽いて花巻温泉郷2番目の志度平温泉付近の舗装されていない県道を走行する。
◎志度平温泉付近　昭和38年（1963）8月　撮影：髙井薫平

【デハ1（鉄）がSカーブを行く】
昔はこんなところを電車が走っていた。
◎鉛温泉　昭和31（1956）年6月
撮影：三竿善正

【西鉛温泉行デハ21（軌）】
鉛線（軌道線）にも新車が入った。しかし、温泉に通じる道路の整備は一向に進まず、相変わらず砂煙を巻き上げて走った。附随車も元鉄道線の車両だ。
◎鉛温泉〜高倉山温泉
昭和38（1963）8月
撮影：髙井薫平

【西公園でのバスとの離合】
花巻を出た西鉛温泉行きの電車は中央花巻でスイッチバックして狭い下り坂を抜けて豊沢街道に出る。ここ西公園には行き違い施設もあり、家並みが続いている。自社のバスは国鉄花巻駅前行だ。
◎西公園　昭和38(1963)年8月　撮影：田尻弘行

【花巻温泉郷を行くデハ21(軌)とサハ204(軌)】
デハ21は昭和34(1959)年に鉄道線木造デハ1の機器を流用し、鉛線(軌道線)用に製作され、サハ204も鉄道線用木造サハ4の改造名義で同時期に製作された。◎山の神〜高倉山温泉　昭和41(1966)5月　撮影：大賀寿郎

9.岩手開発鉄道

　昭和14（1939）年設立の会社だが、実際鉄道が敷かれたのは昭和25（1950）年、それも本命の石灰石の採掘場である岩手石橋まで全通したのはその10年後、セメント工場のある赤崎線開業も昭和32（1957）年である。確かにしばらく終点になっていた日頃市の駅舎は風情ある日本建築風で素晴らしい。昭和14（1939）年、岩手県を中心に各企業が株主になって設立した当初の区間は大船渡線の盛りと釜石線の平倉（29.1km）を結ぶものであったが、戦後、昭和25（1950）年日頃市6.4kmが開業、旅客列車は昭和32（1957）年当時5往復設定されていた。ぼくが最初に訪れたのは石橋のセメント山まで全通した後だったが、気動車2両を擁して旅客営業も行っていた。車両はキハ40000形とキハ201と称する買収気動車、主に通常走っているのはキハ40001らしかった。そのキハ40001で岩手石橋まで行く。進行左手に石灰石の採掘現場が広がっており、どこが終点かと思っていたら山を行き過ぎて停車、運転手さんが車内を歩いて反対側の運転席に移動、キハ40001はそのままバックしてさらに勾配を稼いだところに小さなホームが有った。すぐ折り返しますよという声で車内に戻る。確か降りた人も列車を待っていた人もいなかった。構内も広かったが他に何もなく、途中でDLの牽く空のホキの列とすれ違った。
　この頃、岩手開発鉄道のディーゼル機関車はディーゼル機関車製造にあまり経験のない東洋電機製造であるのが変わっていた。その後、機関車も大型化し、その増備は新潟鉄工所であるから、少しでも安いメーカーを探したのかもしれない。新潟鉄工所との関連が深まったのか、唯一の気動車としての新車を新潟鉄工所に発注した。キハ202という正面2枚窓で切り妻、大きさはキハ40000形並みの小型車である。狭めの窓が並び、このアルミサッシュの窓枠は在庫品流用とどこかで聞いたことがある。一時このキハ202が孤軍奮闘の感があったが、廃止された小坂鉄道、南部鉄道や夕張鉄道から車両を譲り受けている。確かに終焉近い旅客列車には夕張鉄道から来たキハ301が使われていた。
　古い資料によれば蒸気機関車が在籍している。沖田祐作氏の機関車表によれば昭和25（1950）年10月21日の開業以前に国鉄からB6形2273号が入線しているから新線建設用に購入したのだろうと思っていたが、その後、白土貞夫さんからお借りした開業記念とおぼしき絵葉書の1枚に一般の貨車を牽くB6形2273号の牽く普通の貨物列車が写っているから、一般貨物も扱ったのだろう。そのほか、車両不足だったのかC11形や8620形を借り入れ入線した記録もあるようだ。
　東日本大地震の被害は大きくなかったようだが、工場引き込み線とも言える赤崎線は被害が大きく、復旧に半年を要している。この間岩手石橋からの石灰石輸送も休止していたと考えられるがあくまでも推定である。かつては夜間の運転も行われたが、現在は山のある石橋から工場のある赤崎まで直通運転を行っているが、夜間の運転はないようだ。

◎猪川〜長安寺　昭和34（1959）年10月　撮影：髙井薫平

【DD3832の牽引するホキ列車】
石橋の石灰石輸送のため、昭和35(1960)年に東洋工機で3両が作られ、昭和43(1968)年DD56形に置き換わるまで主力として活躍した。東洋工機は東洋電機の子会社で主に鉄道車両の製造を行っていたが、ディーゼル機関車の新造は確か最初だった。機関車の大型化に伴い、製造会社は新潟鉄工所(現新潟トランシス)へ移った。
◎長安寺〜日頃市　昭和34(1959)年10月　撮影：髙井薫平

【DD38形(DD3832)】
石灰石を満載したホキを牽いて盛へ向かう。このホキは昭和35(1960)年に国鉄セキ3000形に準じた設計のホキ100形で、13両が東洋工機・日本海重工・北日本重工で製作された。車体両側にある荷下ろし用開き戸が電気開閉式になっているのが特徴である。◎長安寺　昭和34(1959)年10月　撮影：髙井薫平

【DD38形（DD3832）】
日頃市は開業の時終着駅だった。訪問した頃、駅の周りは閑散としており乗降客はなく、それでも駅員がいたような記憶が残っている。
◎日頃市　昭和34（1959）年10月　撮影：髙井薰平

【DC38形（DC3821）】
新三菱重工製のC形ディーゼル機関車。ジャック軸伝動方式で、エンジンは三菱重工製460馬力だった。石橋の石灰石採掘が軌道に乗る前の段階で、本線運用には使用されなかったようだ。
◎盛機関区　昭和39（1964）年8月　撮影：今井啓輔

【DD43形（DD4341）】
いよいよ石灰石輸送が本格的になるのに際し、東洋工機で生れた凸型ディーゼル機関車だが、あまり製造経験の少ないメーカーに発注したのかが謎である。輸送量が増えると53トン機に置き換えられた。
◎盛　昭和61（1986）年10月　撮影：髙井薰平

【DD56形（DD5651）】
石灰石輸送が本格化し、これまでの機関車では力不足になったので、新潟鉄工所（現新潟トランシス）に発注した56トン機関車。国鉄DD13形に準じた仕様で造られ、深い庇が特徴である。現在も断続的に補充され最新機は令和5（2023）年製である。
◎盛　昭和61（1986）年10月
撮影：亀井秀夫

【キハ40000形（40001）】
昭和25(1950)年、盛・日頃市間の開業に合わせて、国鉄キハ40010を譲り受けたもの。昭和9(1934)年日本車輌製だが、国鉄盛岡工場で小改造し、エンジンをDA55Bに載せ換え、室内はロングシートになった。ただおでこに付けた大きな前照灯などキハ40000形のイメージそのままのいで立ちだった。
◎日頃市
昭和34(1959)年10月
撮影：髙井薫平

【キハ40000形（40001）】
日頃市の駅はトンネルを抜けたけっこう山に入ったところだった。駅員（駅長?）も常駐しているようで、石灰石を積んだ貨物列車のためか、ここも行き違いの出来る長いホームが印象的だった。
◎日頃市
昭和34(1959)年10月
撮影：髙井薫平

【キハ40000形（40001）】
終点の岩手石橋は丘の上のようなところにあり、盛からやってきた列車は駅に近付くと一旦停車して、いきなりバックした。スイッチバックのような仕組みで、石橋駅はその坂の終端にあった。周囲や大きなホッパーを建設中で、数分の停車で気動車は出発する。盛行き列車の車内、乗客は我々以外いなかった。
◎岩手石橋
昭和34(1959)年10月
撮影：髙井薫平

【キハ40000形（40001）】
歩いて行ったらそろそろキハ40001が戻ってくる時刻、トンネル横の台地に登って列車を待つ。やがて乗客のいないガラガラのキハ40001が通り過ぎた。◎長安寺〜日頃市　昭和34(1959)年10月　撮影：髙井薫平

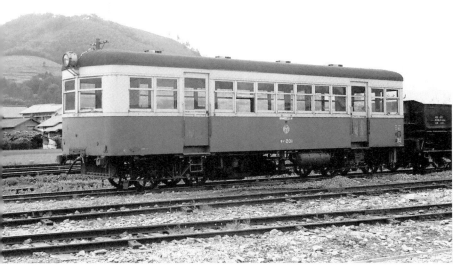

【キハ200形（201）】
盛機関区にはもう1両の気動車キハ201が待機していた。正面2枚窓、車体4隅が丸っこい日本車輌の標準ガソリンカー。前歴は神中鉄道、その後、播丹鉄道を経て国有化、キハ40359となるが廃車まで播丹鉄道時代のキハ201で通したようだ。
◎盛　昭和34（1959）年10月
撮影：髙井薫平

【キハ200形（201）】
岩手開発鉄道ではキハ40001の予備的存在で、走っている姿にお目にかかったことはない。
◎盛　昭和34（1959）年10月
撮影：髙井薫平

【盛機関区】
車庫に収まったキハ40001とDD4341。庫外にいるのは石灰石輸送開始に合わせて東洋工機などで造られたホキ100形で、昭和35（1960）年から昭和54（1979）年までに50両が製造された。
◎盛　昭和34（1959）年10月
撮影：髙井薫平

【キハ300形(301)】
元夕張鉄道のキハ201、202を譲り受け、自社で2両の部品の良いとこ取りをしてまとめたという。それでも旅客営業を止めるまで一線で活躍した。
◎盛　昭和61(1986)10月
撮影：亀井秀夫

【キハ200形(202)】
岩手開発鉄道としては唯一の新造旅客車で、すでにディーゼル機関車新製で関係のあった新潟鉄工所(現新潟トランシス)の製品である。大きさはキハ40000形に準じ、正面切り妻、2枚窓、側窓はアルミサッシの小窓が並ぶ。このアルミサッシ窓は別の目的で在庫になっていたものの転用したと聞いた。
◎盛　昭和61(1986)年10月
撮影：髙井薫平

【キハ200形(202)】
旅客の姿が車内にも見えないが、主役車両として旅客輸送廃止の平成4(1992)年3月まで活躍した。営業最終日はキハ301と併結して記念列車として運行された。
◎盛　昭和61(1986)10月　撮影：髙井薫平

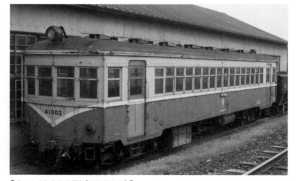

【キハ41000形(41003)】
同和鉱業小坂鉄道が国鉄よりキハ0525を昭和34(1959)年に譲り受け、キハ1005と改番して花岡線で使用した。小坂線のキハ2100形の増備にともない余剰となり、南部鉄道に譲渡されキハ41003となるが、十勝沖地震により南部鉄道自体が廃線となり、当鉄道に昭和44(1969)年10月に入籍したが予備的存在だったようだ。
◎盛　昭和49(1974)6月　撮影：荻原俊夫

10.釜石専用鉄道

釜石鉱山にかかる鉄道は釜石鉱山から産出する磁鉄鉱を用いて日本最初の高炉が寛永2(1727)年が作られ、安政4(1857)年出銑が成功、明治に入り明治7(1874)年に国が買い上げて、官営製鉄所が完成、明治13(1880)年輸送手段としての鉄道が開通する。わが国、3番目の鉄道であるが軌間がイギリスから3両の蒸気機関車を輸入した時、この機関車は軌間838mmという特殊なもので、その後、官営による製鉄事業の挫折とともに、3両の蒸気機関車は他に売却される。破綻した製鉄事業はこれを引き受けた田中長兵衛により再建が始まっていく。そして明治20(1887)年7月に釜石鉱山田中製鉄所が発足する。製鉄所と田中鉱山を結ぶ鉱石輸送の鉄道は明治27(1894)年馬車鉄道が762mm軌間で開通、明治44(1911)年蒸機運転に切り替えられ、日本鉄道(その後の国鉄)とは花巻から仙人峠に至っていた岩手軽便鉄道と索道を介して結ばれる。大正13(1924)年7月、田中鉱山は三井財閥傘下に入り「釜石鉱山」となり、昭和9(1924)年日本製鉄の一員となる。その後、蒸気機関車主体の運用に変わり、大戦中の混乱期を経て富士製鉄釜石製鉄所と名を変え、旅客輸送も行われたが、昭和25(1950)年国鉄釜石線が全通し、昭和40(1965)年4月、762mm軌間の軽便鉄道は廃止され、新日本製鉄釜石製鉄となり現在に至る。

【C20(200)型】

形式の数字が示すように車両重量を示す。軽便機関車としてはかなり大型である。そのため従輪を1軸備えている。戦時中から少しずつ造られ201から209まで9両が生まれている。メーカーは最初1933/201.202.日車・1939/203.本江・1941/204〜207.帝国鋳鋼所・1942/208.209.立山重工業

【C20(2000)型】

2001〜2025:1937年から1945年にかけて作られた。これも最初の日本車輌製2両を除いて立山重工業製で戦時中の製造である。大手車両メーカーはの2両が日本車輌製、後は戦時設計の機関車を多く製造した立山重工製のほか、あまり聞かれないメーカーも名を連ねる。

軽便鉄道に手が回らなかったのか立山重工業製の機関車は各地に見られた。

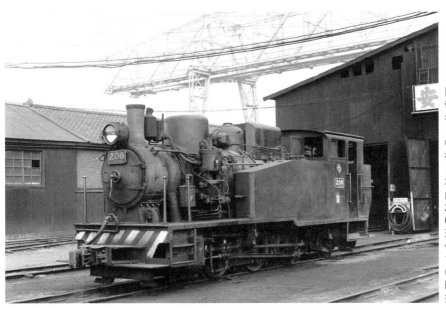

【C20(200)型(206)】
帝国鋳鋼所が昭和18(1943)年に製造した戦時設計型20トン機関車。この会社は戦時中に存在した会社で、本江機械製作所と関連するらしい。この辺り実に不勉強だ。
本江機械製作所は戦時中に立山重工業と改称し、国鉄のB20形を製作しているが、軌間610mm、762mmの森林鉄道や地方鉄道などに機関車を供給し、輸送力増強に貢献している。
◎富士製鉄釜石
昭和39(1964)11月
撮影者:石井賢三

【C20(200)型(207)】
富士製鉄時代の構内を走る207号。帝国鋳鋼所製とあるが、このメーカーの存在は知らなかった。昭和16(1941)年に4両を釜石製鉄所に供給している。
◎富士製鉄釜石
昭和39(1964)年11月
撮影：石井賢三

【C20(200)型(208)】
形式が表すように自重20トン、スタイルは戦時設計機共通のスタイルだが、大型に属し小さな従輪を持っている。
◎富士製鉄釜石
昭和39(1964)11月
撮影者：石井賢三

【C20(2000)型(2014)】
本江機械製作所製の20トン機関車で、このグループは昭和12(1937)年から日立製作所・本江機械製作所・立山重工業で25両が作られ、製鉄所構内で使用されたようだ。昭和13年(1938)から昭和20(1945)年にかけて、富山県の片隅で大量の産業用機関車が作られていた。
◎富士製鉄釜石
昭和39(1964)11月
撮影者：石井賢三

【C20形（2015）】
昭和17（1942）年に立山重工業が製造した機関車で、前方に向かって緩い勾配のついたサイドタンクが特徴である。従輪を持たないこのグループは主に製鉄所構内で使用したようだ。
◎富士製鉄釜石
昭和39（1964）年11月
撮影：石井賢三

【鉄源No.1】
鉄源という会社は、主に新日本製鉄の構内で本体のサポートや独自の製品を生み出す企業である。北海道三笠にある蒸気機関車の動態管理などもその例のようだ。釜石での鉄源の業務は、陸中大橋で鉱石積込みや側線の入換えであった。機関車は昭和40（1965）年恊三工業製15トン機である。
◎陸中大橋構内
昭和48（1973）年
撮影：春田清三郎

【構内を俯瞰する】
DLが構内で貨車の入換えを行っている。既に構内の軌道は1067㎜になっている。機関車はかつて立山重工業製の30トン機が使用されたが、この写真を撮影した頃には日立製45～50トンＢＢ凸型ディーゼル機関車に置き替わっている。
◎釜石製鉄所構内
昭和48（1973）年
撮影：春田清三郎

163

宮澤賢治が詠んだ岩手軽便鉄道

（絵葉書提供：白土貞夫）

　岩手軽便鉄道は東北本線の花巻から遠野を通り太平洋岸の釜石をめざす鉄道だが、途中遠野を経由し仙人峠に向かう。仙人峠という難所には、その連絡輸送にロープウエイのほか籠に乗る往来が日常であった。ロープウエイに乗るのは荷物だけで一般は仙人峠5.5kmの山道を徒歩で、お金のある人たちは籠を使うことになる。峠を越えると釜石鉄道に引き継がれた。当時、釜石鉄道も客車も所有していた。

　花巻の駅は官鉄の駅と少し外れていた、その代わり同じ軌間幅の軽便電車だった花巻電鉄と共有していた。

　仙人峠を越えるという難問を抱えた岩手軽便鉄道だが大正3（1914）年4月東野～仙人峠まで開通、5月には旅客営業を開始している。部分は難所中の難所で5.5kmの険しい山道が続き、鉄道建設はおろか車の通れる道路すらなかった。だから荷物はロープウエイに委ね、乗客は徒歩で峠を越えた。

　花巻に生まれた詩人宮澤賢治には岩手軽便鉄道をイメージした作品が多い。有名な「銀河鉄道の夜」は岩手軽便鉄道が下敷きになったといわれる。「シグナルとシグナレス」はきっと花巻駅の構内信号の物語だろう。「詩集 春と修羅」にはそのものずばり「岩手軽便鉄道」、これに「7月」ジャズ）」「1月」の副題が加えられている。「岩手軽便鉄道7月（ジャズ）」は最近群集劇の舞台にもなっているが、その詩作の中に賢治の岩手軽便鉄道への近しさや、そこに勤務していた社員たちとの交流がほのぼの伝わってくる。

　前述の「岩手軽便鉄道7月（ジャズ）」は花巻行きの終列車の描写で構成されているとぼくは感じる。その内容は「（前略）北上第7支流の岸を//まっしぐらに西の野原にかけおりる/岩手軽便鉄道の/今日の終わりの列車である/（中略）もう積雲の焦げたトンネルも通り抜け/緑青を吐く松の林も/続々うしろにたたんでしまって/なほいっしんに野原をさしてかけおりる/わが親愛なる布佐機関手が運転する/岩手軽便鉄道の/最後の下り列車である。（岩手軽便鉄道　七月（ジャズ）より）

【北上川鉄橋】
北上川を渡る。2号機は仲間5両とともに大陸に進んだ鉄道連隊の軍用鉄道安奉線が南満州鉄道に引き継がれて標準軌化されたのち余剰になった機関車で、国有後ケ201形（ケ201～236）になった。

【第一早瀬橋梁】
第1早瀬橋梁を行く。機関車は2両目と次位の無蓋車の間に大きな木製の枠が見える。たぶん釜石に向けての延長工事やそのための輸送貨物の大きさに対応した限界測量のためのものと思われる。

【仙人峠全景】
終点の仙人峠駅構内、釜石に向かう荷物は構内で索道に積み替えられる。一般の乗客絵葉書の奥に見える九十九折りの坂道に挑む、一部のお金持のために駕籠の用意もあったという。

【仙人峠駅の駕籠】
仙人峠駅で駕籠に乗り換え峠を越える乗客。駕籠に乗れたのはごくわずかなお金持ちなどで、一般の乗客は陸中大橋まで5.5キロメートルの峠道に挑んだ。

【めがね橋（宮守川橋梁）】
今も釜石線の名所になっている。コンクリート製の眼鏡橋はこれもまた美しいが、良くみるとコンクリート製の橋脚の横に石造りの橋台が残っている。かつて岩手軽便鉄道のボールドウィンが牽く列車が通っていた遺構である。
◎宮守〜柏木平　令和4（2022）年11月　撮影：山田信一

経営資料

寺田裕一作成 鉄道統計年報などから作成

津軽鉄道

	旅客輸送量（千人）	貨物輸送トン数(t)	旅客輸送密度（人/km日）	運輸収入（千円）				営業費（千円）	営業収支（千円）	車両数（両）			鉄道従業員数（人）
				旅客	貨物	他	計			機関車	客車	貨車他	
1930（昭和5）年度	82	2,854	290	22	4	0	26	21	5	3	15	25	82
1940（昭和15）年度	581	46,147	784	140	51	6	197	197	0	3	17	25	95
1950（昭和25）年度	982	30,340	1,355	25,969	7,302	811	34,082	34,993	-911	3	19	40	136
1960（昭和35）年度	1,697	46,798	2,009	56,724	17,980	1,619	76,323	68,396	7,927	4	10	22	97
1970（昭和45）年度	2,217	47,254	2,609	125,930	20,943	1,139	148,012	131,646	16,366	2	12	7	64
1980（昭和55）年度	2,097	44,267	2,286	284,242	49,556	8,795	342,593	346,505	-3,912	2	12	4	68
1990（平成2）年度	1,142	0	1,304	250,201	0	12,569	262,770	283,710	-20,940	2	13	5	63
2000（平成12）年度	604	0	815	167,259	0	18,200	185,459	203,221	-17,762	2	12	5	38
2010（平成22）年度	314	0	455	110,281	0	24,025	134,306	152,301	-17,995	2	10	5	35
2020（令和2）年度	177	0	245	56,709	0	18,239	74,948	134,925	-59,977	2	10	5	29

弘南鉄道弘南線

	旅客輸送量（千人）	貨物輸送トン数(t)	旅客輸送密度（人/km日）	運輸収入（千円）				営業費（千円）	営業収支（千円）	車両数（両）			鉄道従業員数（人）
				旅客	貨物	他	計			機関車	客車	貨車他	
1930（昭和5）年度	335	31,191	567	57	23	4	84	45	39	2	3	15	42
1940（昭和15）年度	603	101,156	1,060	85	45	3	133	138	-5	2	4	15	55
1950（昭和25）年度	2,186	174,132	2,385	31,893	22,151	1,694	55,738	41,781	13,957	5	7	37	165
1960（昭和35）年度	3,347	144,638	2,755	70,668	25,071	3,250	98,989	86,849	12,140	2	24	43	167
1970（昭和45）年度	4,696	132,067	7,246	177,792	27,674	6,046	211,512	278,758	-3,639	2	28	28	246
1980（昭和55）年度	3,802	61,756	5,924	534,202	36,510	11,171	581,883	1,000,741	-63,293	3	45	12	184
1990（平成2）年度	2,775	0	4,350	511,260	0	32,074	543,334	925,911	4,332	3	46	6	137
2000（平成12）年度	1,858	0	3,280	375,223	0	43,091	418,314	676,478	14,186	3	34	4	83
2010（平成22）年度	1,335	0	2,496	272,695	0	32,874	305,569	420,638	16,834	2	26	4	52
2020（令和2）年度	1,013	0	1,869	190,803	0	21,309	212,112	411,226	-134,376	2	24	4	45

1990年度は黒石線を含む。1970年度以降、営業費以降の項目は大鰐線を含む。

弘南鉄道大鰐線

	旅客輸送量（千人）	貨物輸送トン数(t)	旅客輸送密度（人/km日）	運輸収入（千円）				営業費（千円）	営業収支（千円）	車両数（両）			鉄道従業員数（人）
				旅客	貨物	他	計			機関車	客車	貨車他	
1970（昭和45）年度	1,881	-	5,134	62,517	0	1,088	63,605						
1980（昭和55）年度	3,350	0	3,899	348,054	0	8,660	356,714						
1990（平成2）年度	2,431	0	2,969	375,086	0	13,031	388,117						
2000（平成12）年度	1,434	0	1,892	253,426	0	18,924	272,350						
2010（平成22）年度	625	0	910	114,223	0	17,680	131,903						
2020（令和2）年度	323	0	390	54,186	0	10,552	64,738						

弘前電気鉄道

	旅客輸送量（千人）	貨物輸送トン数(t)	旅客輸送密度（人/km日）	運輸収入（千円）				営業費（千円）	営業収支（千円）	車両数（両）			鉄道従業員数（人）
				旅客	貨物	他	計			機関車	客車	貨車他	
1960（昭和35）年度	2,615	8,788	3,951	44,727	2,168	1,034	47,929	37,562	10,367	0	7	6	105
1970（昭和45）年度	1,665	2,312	4,730	52,004	377	534	52,915						109

鉄道統計年報等から作成

十和田観光電鉄

	旅客輸送量（千人）	貨物輸送トン数(t)	旅客輸送密度（人/km日）	運輸収入（千円）				営業費（千円）	営業収支（千円）	車両数（両）			鉄道従業員数（人）
				旅客	貨物	他	計			機関車	客車	貨車他	
1930（昭和5）年度	48	16,123	116	23	24	2	49	36	13	3	8	16	32
1940（昭和15）年度	275	40,957	630	96	45	4	145	100	45	3	9	16	41
1950（昭和25）年度	522	17,229	1,110	16,285	4,421	2,818	23,524	20,750	2,774	5	9	17	102
1960（昭和35）年度	971	91,304	1,943	47,261	32,068	1,109	80,438	62,353	18,085	1	5	7	150
1970（昭和45）年度	1,654	72,444	2,758	74,863	27,566	3,305	105,734	95,246	10,488	2	7	4	63
1980（昭和55）年度	1,265	78,657	2,241	182,949	77,535	6,985	267,469	265,814	1,655	2	7	4	56
1990（平成2）年度	966	0	1,880	221,162	0	5,870	227,032	268,601	-41,569	2	7	2	37
2000（平成12）年度	730	0	1,484	176,153	0	7,788	183,941	257,361	-73,420	2	7	2	24
2010（平成22）年度	459	0	983	113,253	0	4,479	117,732	141,040	-23,308	2	10	2	25

南部鉄道

	旅客輸送量（千人）	貨物輸送トン数(t)	旅客輸送密度(人/km日)	運輸収入（千円）				営業費（千円）	営業収支（千円）	車両数（両）			鉄道従業員数（人）
				旅客	貨物	他	計			機関車	客車	貨車他	
1930（昭和 5）年度	143	7,363	261	26	10	1	37	48	-11	2	6	2	41
1940（昭和15）年度	278	45,771	609	71	40	4	115	120	-5	2	6	2	51
1950（昭和25）年度	555	32,448	1,094	12,509	6,000	965	19,474	18,895	579	2	6	25	102
1960（昭和35）年度	742	45,447	1,254	26,403	14,213	1,163	41,779	44,794	-3,015	2	5	20	94

南部縦貫鉄道

	旅客輸送量（千人）	貨物輸送トン数(t)	旅客輸送密度(人/km日)	運輸収入（千円）				営業費（千円）	営業収支（千円）	車両数（両）			鉄道従業員数（人）
				旅客	貨物	他	計			機関車	客車	貨車他	
1970（昭和45）年度	206	24,539	169	9,085	9,670	150	18,905	37,233	-18,328	2	3	5	33
1980（昭和55）年度	155	32,863	159	22,898	41,540	995	65,433	91,273	-25,840	3	3	0	27
1990（平成 2）年度	74	0	65	11,505	0	10,265	21,770	63,562	-41,792	3	3	0	19
2000（平成12）年度	0	0	0	0	0	0	0	1,013	-1,013	3	3	0	5

松尾鉱業

	旅客輸送量（千人）	貨物輸送トン数(t)	旅客輸送密度(人/km日)	運輸収入（千円）				営業費（千円）	営業収支（千円）	車両数（両）			鉄道従業員数（人）
				旅客	貨物	他	計			機関車	客車	貨車他	
1950（昭和25）年度	409	715,282	913	7,487	157,842	45	165,374	116,503	48,871	9	8	22	346
1960（昭和35）年度	414	764,289	917	10,171	298,435	80	308,686	181,399	127,287	4	10	23	246
1970（昭和45）年度	0	261,166	0	0	92,726	929	93,655	80,483	13,172	4	0	7	35

花巻電鉄

	旅客輸送量（千人）	貨物輸送トン数(t)	旅客輸送密度(人/km日)	運輸収入（千円）				営業費（千円）	営業収支（千円）	車両数（両）			鉄道従業員数（人）
				旅客	貨物	他	計			機関車	客車	貨車他	
1930（昭和 5）年度	177	1,256	406	49	2	9	60	38	22	1	9	11	79
1940（昭和15）年度	411	2,834	713	83	3	5	91	87	4	1	9	11	64
1950（昭和25）年度	1,144	520	1,714	11,128	176	1,091	12,395	12,869	-474	1	9	15	112
1960（昭和35）年度	2,573	4,031	2,502	57,382	1,158	450	58,990	51,203	7,787	1	16	15	72
1970（昭和45）年度	895	14	1,749	36,785	24	374	37,183	62,071	-24,888	0	11	3	50

岩手開発鉄道

	旅客輸送量（千人）	貨物輸送トン数(t)	旅客輸送密度(人/km日)	運輸収入（千円）				営業費（千円）	営業収支（千円）	車両数（両）			鉄道従業員数（人）
				旅客	貨物	他	計			機関車	客車	貨車他	
1950（昭和25）年度	59	1,869	251	753	206	38	997	2,978	-1,981	1	1	0	38
1960（昭和35）年度	71	356,824	110	999	52,888	2,145	56,032	49,282	6,750	2	2	13	104
1970（昭和45）年度	102	2,445,999	134	1,402	344,287	2,734	348,423	296,874	51,549	7	2	36	157
1980（昭和55）年度	104	4,462,606	142	2,800	936,461	8,003	947,264	820,506	126,758	5	2	50	132
1990（平成 2）年度	32	4,468,178	37	1,427	790,385	2,425	794,237	597,585	196,652	4	2	43	54
2000（平成12）年度	0	3,166,468	0	0	584,071	17,030	601,101	626,516	-25,415	4	1	45	52
2010（平成22）年度	0	1,903,932	0	0	351,187	6,475	357,662	333,343	24,319	4	0	45	33
2020（令和 2）年度	0	2,130,372	0	0	460,536	21,499	482,035	465,223	16,812	4	0	45	46

あとがき

　大幅に遅れて第3巻「みちのくの私鉄（青森岩手編）をお届けいたします。第9号「第2巻、時刻表に乗らなかった北海道の鉄道」をお届けしてから半年以上の歳月が流れてしまいました。ぼく自身齢を重ね、このシリーズをスタートした後、世間の環境も大きく変わり、年寄りについていけない事態が山積してきました。全32巻と大げさにスタートしたものの終着駅はまだかなり先のことです。

　みちのく6県は学生時代を含め何度も足を運んだ地域です。たくさんあったみちのくの私鉄の多くはすでに鬼籍に入りました。いえ東北地方だけでなく。全国的に地方のローカル私鉄はずいぶん減ってしまいました。ぼくが最初に出かけた地方私鉄は静岡鉄道駿遠線の袋井駅でした。昭和29（1954）年8月、確か高校2年生でした。この頃の時刻表を開いて荒っぽく拾ってみると140路線が存在していますが、現在同規模の地方私鉄の数は20路線ぐらいでしょうか。

　このシリーズを始めるにあたり、大学時代から長く一緒に歩いた同期の田尻弘行との写真とぼく自身のフイルムを使って本をまとめていくというのが、この企画を持ち込んできたフォトパブリッシング社の福原文彦氏との話し合いによるものでした。しかし、進めていくうちにできるだけ資料性の高いものを残したいという気持ちもあり、ぼくの所属する鉄研三田会（慶応義塾鉄道研究会のOB会組織）のメンバーに応援してもらう形をとっています。さらには作業を進めるうちに趣味の先達諸先輩の作品を思い出し、それらの写真を使用させていただくことによりさらに内容の向上を図ることができました。同様のことに古い絵葉書があります。こちらの方は収集家であり、研究家でもある白土貞夫さんに全面的にご支援をお願いしました。中には岩手軽便鉄道の稿のように、絵葉書を写真と同じ扱いにして本文に取り込みました。

　「吉田初三郎の鳥瞰図」は掲載を始めて気が付いたことですが、地域によって軽重があり、意外な手抜きにも遭遇しました。1例を挙げれば五戸電気鉄道が出てくる尻内の絵図なのですが、走っている列車の屋根にはポールが付いています。察するところ初三郎は現地にはいかず、地図を見ながら描かれたものと思います。だから電化できなかった五戸電気鉄道の社名から電車が走っていると考えたのでしょう。

　流してご覧いただくと疑問の多いシーンもあろうかと思います。かつて歩いた現場に足を踏み入れることも多いのですが、そのたびに地方の町の過疎化を感じます。今回取り上げたみちのくの私鉄にその傾向が激しいのです。色々な世相の流れやぼく自身の年齢を考えつつ、今後のことを考える時期になったことを感じる最近です。

令和6（2024）年9月20日　髙井薫平

参考文献

掲載鉄道名	著者	書名・記事名	雑誌名	巻数	発行所	発行年月
②③⑧	運輸省民營鐵道部監修	電氣車形式圖集			電気車研究会	1950/04
④⑤⑧	中川浩一	みちのくへ(2)	RomanceCar	24	東京鉄道同好会	1953/08
⑦	深523宗重	私鉄車両めぐり 106 松尾鉱山鉄道	鉄道ピクトリアル	39	鉄道図書刊行会	1954/10
②	新出茂雄・弓削進	国鉄電車発達史			電気車研究会	1959/03
②	金沢二郎	弘南鉄道	鉄道ピクトリアル	別冊	鉄道図書刊行会	1960/12
⑨	久保敏	岩手開発鉄道	鉄道ピクトリアル	別冊	鉄道図書刊行会	1960/12
③	金沢二郎	弘前電気鉄道	鉄道ピクトリアル	128	鉄道図書刊行会	1962/03
①②③④	柴田重利	東北の私鉄1	鉄道ファン	16	交友社	1962/10
⑦	柴田重利	東北の私鉄2	鉄道ファン	17	交友社	1962/11
⑥	柴田重利	東北の私鉄3	鉄道ファン	19	交友社	1963/01
⑤⑨	柴田重利	東北の私鉄4	鉄道ファン	21	交友社	1963/03
①	金沢二郎	津軽鉄道	鉄道ピクトリアル	145	鉄道図書刊行会	1963/05
①	金沢二郎	津軽鉄道	鉄道ピクトリアル	145	鉄道図書刊行会	1963/05
①②⑥	鈴木洋	東北の私鉄に気動車を訪ねて	鉄道ファン	427	交友社	1966/11
⑤	白土貞夫	南部鉄道	鉄道ピクトリアル	199	鉄道図書刊行会	1967/07
①②③④⑤⑥⑦⑨	古沢明・鈴木洋	東北の私鉄車両近況1	鉄道ファン	81	交友社	1968/03
⑧	古沢明・鈴木洋	東北の私鉄車両近況3	鉄道ファン	83	交友社	1968/05
④	白土貞夫	十和田観光電鉄	鉄道ピクトリアル	212	鉄道図書刊行会	1968/07
⑧	吉川文夫	花巻電鉄	鉄道ピクトリアル	212	鉄道図書刊行会	1968/07
⑦	吉川文夫	岩手山ろくを走る阪和電車	鉄道ピクトリアル	213	鉄道図書刊行会	1968/08
②④⑦⑧		世界の鉄道'69 電気機関車			朝日新聞社	1968/10
⑧	今淵征四郎	花巻電鉄軌道線	鉄道ピクトリアル	223	鉄道図書刊行会	1969/04
⑤	上野 寛	地震後の南部鉄道	鉄道ファン	95	交友社	1969/05
①⑥⑨		世界の鉄道'70 ディーゼル機関車			朝日新聞社	1969/09
②	白土貞夫	弘南鉄道	鉄道ピクトリアル	232	鉄道図書刊行会	1969/12
②	白土貞夫	近江鉄道 下	鉄道ピクトリアル	240	鉄道図書刊行会	1970/08
①②⑥⑦	鈴木洋	東北の私鉄ニュース	鉄道ファン	122	交友社	1971/06
③	柴田重利	秩父鉄道 下	鉄道ファン	252	交友社	1971/06
⑧	中川浩一他	軽便王国雨宮			丹沢新社	1972/01
⑧	小早川秀樹	花巻電鉄終末記	鉄道ファン	134	交友社	1972/06
①④⑥		世界の鉄道'74 日本のローカル私鉄			朝日新聞社	1973/10
②		世界の鉄道'75 日本のローカル私鉄			朝日新聞社	1974/10
⑨		世界の鉄道'76 日本のローカル私鉄			朝日新聞社	1975/10
①②⑤⑥⑨	鉄道図書刊行会編集	日本民営鉄道車両形式図集 上			鉄道図書刊行会	1976/01
②④⑦	杉田肇	私鉄電気機関車ガイドブック			誠文堂新光社	1976/08
⑩	三宅俊彦	釜石専用線の軽便Ｓ Ｌたち	蒸気機関車	49	キネマ旬報社	1977/05
①②④	湯口徹	地方鉄道の瓦斯倫気動車(IV)	鉄道史料	7	鉄道史料保存会	1977/07
⑤	湯口徹	レールバスものがたり III-2	鉄道ファン	221	交友社	1979/09
④⑤⑨	結解喜幸他	全国私鉄カタログ part1			ジェイ・アール・アール	1980/02
②	鈴木洋	弘南鉄道車輌現況	レイル		プレス・アイゼンバーン	1981/04
①②④⑤⑥⑦⑧⑨⑩	渡辺肇	日本製機関車製造銘板・番号集成			プレス・アイゼンバーン	1982/03
④	岩堀春夫	専用線の機関車 13 元私鉄の機関車	鉄道ファン	282	交友社	1984/10
②		特集東京急行電鉄 車両入籍、改造、廃車一覧	鉄道ピクトリアル	442	鉄道図書刊行会	1985/01
①⑤⑥⑦⑧⑨	湯口徹	私鉄紀行 奥の細道 上	レイル	14	プレス・アイゼンバーン	1985/02
④	岩堀春夫	専用線の機関車 20 私鉄のDL 1	鉄道ファン	292	交友社	1985/08
⑨	岩堀春夫	専用線の機関車 21 私鉄のDL 2	鉄道ファン	294	交友社	1985/10
⑨	今津直久	岩手開発鉄道	鉄道ファン	477	鉄道図書刊行会	1987/03
②	西敏夫	南海鉄道加太支線 幻の新造電車	鉄道史料	51	鉄道史料保存会	1988/08
①④⑤⑨	竹内一裕 編集	全国内燃機関車台帳			専用レールクラブ	1990/04
①②⑤⑥⑨	寺田裕一	日本のローカル私鉄			企画室ネコ	1990/07
①	湯口徹	瓦斯倫自動客車雑記帳	鉄道史料	64	鉄道史料保存会	1991/11
①②④⑤⑥⑦⑧⑨⑩	沖田祐作	改訂版 機関車表 私設企業			滄茫社	1993/02
①⑤⑨	岩堀春夫	鉄道番外線1 内燃リスト23-1 北海道東北編			ないねん出版	1994/08
④	岩堀春夫	鉄道番外線3 内燃リスト23-3 甲信越中部編			ないねん出版	1995/12
①⑤⑥⑨	藤岡雄一	THE GUIDE OF 私鉄ディーゼル機関車	鉄道ピクトリアル	621	鉄道図書刊行会	1996/05
⑩	宮澤賢治 編集委員会	校本 宮澤賢治全集 第2.3巻他		2.3.ほか	筑摩書房	1996/02
①	岸由一郎	津軽鉄道	鉄道ピクトリアル	636	鉄道図書刊行会	1997/04
②	髙嶋修一	弘南鉄道	鉄道ピクトリアル	636	鉄道図書刊行会	1997/04
④	澤内一晃	十和田観光電鉄	鉄道ピクトリアル	636	鉄道図書刊行会	1997/04
⑦	中川浩一	松尾鉱業	鉄道ピクトリアル	636	鉄道図書刊行会	1997/04
⑧	吉川文夫	花巻電鉄	鉄道ピクトリアル	636	鉄道図書刊行会	1997/04
⑧	高井薫平	軽便追想			ネコ・パブリッシング	1997/04
②	沢柳健一・高砂雍郎				ジェイ・アール・アール	1997/05
①⑥	藤原雄一・服部朗宏	私鉄のキハ10系	鉄道ピクトリアル	637	鉄道図書刊行会	1997/05
③	澤内一晃	秩父鉄道 下	鉄道ピクトリアル	661	鉄道図書刊行会	1998/11
⑨	斉藤幹雄	旅客営業廃止から7年岩手開発鉄道の現状	鉄道ピクトリアル	670	鉄道図書刊行会	1999/06
⑤⑨	岡田誠一	キハ41000とその一族（下）	RM LIBRARY	2	ネコ・パブリッシング	1999/09
②	吉川文夫	私鉄買収電機の系譜 上	RM LIBRARY	3	ネコ・パブリッシング	1999/11
②	関田克孝・宮田道一	東急碑文谷もの...	RM LIBRARY	6	ネコ・パブリッシング	2000/01
②⑦	慶應義塾大学鉄研三田会	釣掛電車の響き 買収国電（社形の電車たち）	鉄道ピクトリアル	臨増	鉄道図書刊行会	2000/04
②	後藤文男	西武の赤い電車				2001/07
②	寺田裕一	ローカル私鉄車輌20年 第3セクター・貨物専業編	キャンブックス		ＪＴＢ	2003/01
⑤	青木栄一	昭和29年夏 北海道私鉄めぐり 下	RM LIBRARY	59	ネコ・パブリッシング	2004/07
①②④	湯口徹	内燃機動車発達史 上			ネコ・パブリッシング	2005/01
①②④⑨	湯口徹	内燃機動車発達史 下			ネコ・パブリッシング	2005/08
⑤⑦⑧	寺田裕一	消えた轍 東北・関東 2	NECO MOOK	877	ネコ・パブリッシング	2005/08
①②③	寺田裕一	私鉄機関車30年			キャンブックス	2005/12
⑧	和田英昭	昭和軽便めぐり 花巻電鉄	鉄道画報	5	成文堂新光社	2006/05
①⑤⑧⑨	湯口徹	戦後生まれの機械式気動車 上	RM LIBRARY	87	ネコ・パブリッシング	2006/11
⑨	斉藤幹雄	岩手開発鉄道の現状	鉄道ファン		交友社	2007/04
⑦⑧⑨	寺田裕一	新消えた轍 東北 3	NECO MOOK	1554	ネコ・パブリッシング	2010/08
②④⑤	寺田裕一	新消えた轍 2 北海道・北東北			ネコ・パブリッシング	2011/08
①④⑦	髙井薫平	小型蒸気機関車全記録 東日本編			講談社	2012/01
②④⑦	澤内一晃	凸型機関車の系譜	鉄道ピクトリアル	859	電気車研究会	2012/02
①②③④⑤⑥⑦⑧⑨⑩	沖田祐作	機関車表 フル・コンプリート版			ネコ・パブリッシング	2014/02
①②③④⑤⑥⑦⑧⑨⑩	和久田康雄	私鉄史研究資料			電気車研究会	2014/04
③⑧	稲葉克彦	大樂車輌ものがたり 上	RM LIBRARY	184	ネコ・パブリッシング	2014/12
②	湯口徹	私鉄のボギー客車(20)	RAIL FAN	746	鉄道友の会	2016/04
⑨	寺田裕一	日本のローカル私鉄30年前の残照をたずねてその38	鉄道ピクトリアル	672	交友社	2017/04
②	髙井薫平	南武鉄道モハ100形15輌のはなし	RM LIBRARY	226	ネコ・パブリッシング	2018/06
②	諸河久・西尾恵介	モノクロームの私鉄電気機関車			イカロス出版	2022/01
⑥	諸河久・西尾恵介	電気機関車EX		18	イカロス出版	2022/02
①	鈴木洋	津軽鉄道	RM LIBRARY	276	ネコ・パブリッシング	2023/07
⑧	諸河久・西尾恵介	電気機関車EX		25	イカロス出版	2023/10
⑨	奥山道紀	夕張鉄道車両編	RM LIBRARY	286	ネコ・パブリッシング	2024/05

①津軽鉄道 ②弘南鉄道 ③弘前電気鉄道 ④南部鉄道 ⑤南部縦貫鉄道 ⑥十和田観光電鉄 ⑦松尾鉱業（鉱山鉄道）⑧花巻電鉄 ⑨岩手開発鉄道 ⑩岩手軽便鉄道

車両諸元表

（作成：亀井秀夫）

諸元表注記

蒸気機関車・電気機関車・電車・内燃機関車・客車
車体寸法：単位ｍｍ　小数点以下四捨五入　長さ：連結面寸法・最大幅：入口ステップを含む・最大高：集電装置ある車
　　　　はその折り畳み高さ
自重（荷重）：機関車は運転整備重量・荷重は積載荷物量をあらわす。単位 ton 小数点以下1位に四捨五入
定員：例 80（30）総定員80名内座席定員30名 数値は冬季以外を表す。座席定員不明の場合は総定員
台車：製造所略称・形式 形式名称のないものは台枠構造等を表示、TR形式は国鉄型台車 ／ 軸距：単位mm 小数点以下
　　　　四捨五入

車両履歴
製造年月・改造年月：年号　M 明治　T 大正　S 昭和　H 平成　R 令和
廃車年月（用途廃止）：車両廃止届・譲渡届を表す。
認可：認可は車両設計認可・車両設計特別許可・同一設計認可車両増加届・車両譲受認可・車両改造設計変更認可・
　　　　車両改造設計変更届・車両譲渡届・車両貸渡届

蒸気機関車
軸配置：動輪はアルファベットで表す。従輪は軸数を数字で表す。先輪(1,2)・動輪(B,C,D,E)・従輪(1,2)
　　　　先輪(1,2)・動輪(B,C,D,E)・従輪(1,2)　動輪Bは軸数2、Cは軸数3、Dは軸数4
　　　　Tはテンダー（炭水車）を表す。

気筒径×行程：小数点第1位を四捨五入
実用最高気圧：小数点第2位を四捨五入
運転整備重量：小数点第2位を四捨五入
動輪径：小数点第1位を四捨五入

電気機関車・電車
制御器：製造所略称・形式名のないものは接触器種類・制御方式を表す
主電動機：製造所略称・出力kw×個数 小数点以下1位に四捨五入

内燃機関車・気動車
内燃機関　連続出力/回転数：単位 HP 小数点以下四捨五入 / 回転数 単位 rpm ×以下は使用台数
変速機：形式名あるものは液体式を表す。

諸元表各項目は廃車時のデータの採用に努めたが、不明な場合は新製時のデータ等を記載するか空白とする。

製造所・改造所 略称

Baldwin	Baldwin Locomotive Works
WH	Westinghouse Electric & Manufacturing Company
いすゞ	いすゞ自動車
カテツ交通	カテツ交通工業
加藤車輌	加藤車輌製作所
川崎車輌	川崎車輌兵庫工場
川崎造船所	川崎造船所兵庫工場
汽車支店	汽車會社製造東京支店
汽車本店	汽車會社製造大阪
芝浦	芝浦製作所
神鋼	神鋼造機
振鋼	振鋼造機
西武所沢工場	西武建設所沢車輌工場・西武鉄道所沢車輌工場
大日本軌道	大日本軌道鉄工部
帝国車輌	帝國車輌工業
東急車輌	東急車輌製造
東急横浜	東急横浜製作所
東芝	東京芝浦電気
東洋電機	東洋電機製造
東横車輌	東横車輌工事・東横車輌工業・東横車輌電設
東芝府中	東京芝浦電気府中工場
新潟鉄工所	新潟鐵工所
日車支店	日本車輌製造東京支店
日車本店	日本車輌製造本店
日鉄自	日本鉄道自動車
日立笠戸	日立製作所笠戸工場
日立水戸	日立製作所水戸工場
日野	日野ディーゼル工業
富士重工	富士重工業宇都宮工場
復興社所沢	復興社所沢車輌工場
三菱重工	三菱重工業三原製作所
新三菱三原	新三菱重工業三原製作所

鉄道名 略称

三井三池	三井鉱山三池鉱業所
一畑電鉄	一畑電気鉄道
南海電鉄	南海電気鉄道
弘前電鉄	弘前電気鉄道
東急電鉄	東京急行電鉄
小田急	小田急電鉄
JR東日本	東日本旅客鉄道
同和鉱業小坂	同和鉱業小坂鉄道事業所
小坂製錬	小坂製錬小坂線
常総筑波	常総筑波鉄道

津軽鉄道（蒸気機関車）五所川原～津軽中里 20.9 k m

項目	形　式	番　号	軸配置	気筒径×行程 mm	実用最高気圧 kg/cm²	運転整備重量 ton	最大長 mm	最大幅 mm	最大高 mm	動輪直径 mm
1	C35	C352	C	360×510	12.7	35.0	9,192	2,595	3,500	1,120

南部鉄道（蒸気機関車）尻内（八戸）～五戸 12.3 k m

項目	形　式	番　号	軸配置	気筒径×行程 mm	実用最高気圧 kg/cm²	運転整備重量 ton	最大長 mm	最大幅 mm	最大高 mm	動輪直径 mm
1	C.40	C400	C	420×550	12.0	39.1	8,650	2,675	3,600	1,120

弘南鉄道（電気機関車・電車）弘前～黒石 16.8 k m 大鰐～中央弘前 13.9 k m

項目	形式称号	記号番号	車体寸法 最大長 mm	最大幅 mm	最大高 mm	自重（荷重）ton	軸配置定員（座席）	台車 製造所	形式	軸距 mm	制御器 製造所	形式制御方式	主電動機 製造所	形式	出力kw×台数
1	ED1	ED1	9,258	2,590	4,460[※1]	16.3	B-B	Brill	27MCB-1	1,473	東洋電機	TDKQ2-D 直接制御	東洋電機		37.3×4
2		ED2	9,258	2,590	4,460[※3]	16.3	B-B	Brill	27MCB-1	1,473	東洋電機	TDKQ2-D 直接制御	東洋電機		37.3×4
3	ED202	ED202	9,258	2,590	4,460	16.3	B-B	Brill	27MCB-1	1,473	東洋電機	直接制御	東洋電機		37.3×4
4	ED22	ED221	9,150	2,505	4,025	28.6	B-B			1,910	WH	間接非自動 電磁空気単位SW	WH	556-JF6 (MT33)	70.0×4 675V
5	ED30	ED301	9,350	2,400	3,998	30.0	B-B	日鉄自	NTJ24	2,000	日立	間接非自動 電磁空気単位SW	日立製作所	HS-254	70.1×4 750V
6	ED33	ED333	8,880	2,720	4,070	33.0	B-B	WH	棒台枠	2,134	WH	間接非自動 電磁空気単位SW	WH	60829A-1	93.3×4 750V
7	デホ10	デホ10	13,136	2,642	4,072	21.7 3.0	60 (28)	加藤車輌	BW-A系	2,134	芝浦	RPC-50 電空カム軸	芝浦	SE-119	41.0×4 600V
8	デホ11	デホ11	11,372	2,590	3,983	20.7	74 (34)	加藤車輌	BW-A系	2,134	芝浦	RPC-50 電空カム軸	芝浦	SE-119	41.0×4 600V
9	モハ21	モハ21	13,944	2,673	4,102	27.2	88 (40)	Brill	27MCB-2	2,134	東洋電機	TDKQ2-D 直接制御	WH	540-JD-6	41.0×4 750V
10	デニホ51	デニホ51	13,430	2,743	3,992	22.3 2.0	58 (26)	加藤車輌	BW-A系	2,134	芝浦	RPC-50 電空カム軸	芝浦	SE-119	41.0×4 600V
11	モハ100	モハ101	15,310	2,700	4,115	37.0	108 (46)	Brill	27MCB-2	2,134	三菱電機	CB-8-232 電空単位SW	三菱電機	MB-304-AR	75.0×4
12		モハ102	15,310	2,700	4,115	37.0	108 (46)	Brill	27MCB-2	2,134	三菱電機	CB-8-232 電空単位SW	三菱電機	MB-304-AR	75.0×4
13		モハ103	15,310	2,700	4,115	37.0	108 (46)	Brill	27MCB-2	2,134	三菱電機	CB-8-232 電空単位SW	三菱電機	MB-304-AR	75.0×4
14		モハ105	15,310	2,740	4,105	35.8	108 (44)	日車	D-14	2,134	三菱電機	CB-8-232 電空単位SW	三菱電機	MB-64-C	59.7×4 750V
15		モハ106	16,300	2,740	4,115	32.5	110 (56)	木南車輌	K-16	2,250	三菱電機	間接非自動 電磁空気単位SW	三菱電機	MB-146-CF	95.0×4 750V
16		モハ107	18,300	2,742	4,191	32.5	110 (56)	木南車輌	K-16	2,250	三菱電機	間接非自動 電磁空気単位SW	三菱電機	MB-64-C	44.8×4 600V
17		モハ108	18,300	2,742	4,191	37.0	126 (46)		TR14	2,450	三菱電機	間接非自動 電磁空気単位SW		MT15B	100.0×4 675V
18		モハ110	16,064	2,730	4,141	31.5	96 (48)	汽車東京	BW-A系 3H	2,130	三菱電機	間接非自動 電磁空気単位SW	三菱電機	MB-64-C	59.7×4 750V
19		モハ111	15,545	2,720	4,127	32.8	102 (42)	日車本店	D-16	2,140	三菱電機	間接非自動 電磁空気単位SW	東芝	SE-119	55.9×4 750V
20	モハ11	モハ 1120	17,000	2,885	4,130	41.9	112 (40)		TR14	2,450	日立製作所	CS-5A 電空カム軸		MT15B	100.0×4 675V
21		モハ 1121	16,800	2,885	4,250	43.1	112 (42)		TR14	2,450	芝浦	CS-5 電空カム軸		MT15B	100.0×4 675V

開業（1930-07-15）ガソリン動力併用（1932-04-24）列車無線取付（1988-03-18）貨物営業廃止（1984-02-01）

製造所 製番	車両履歴					備考
	製造年月	設計認可# 竣功届* 使用開始$	前所有	旧番号	廃車年月 （用途廃止）	設計認可# 竣功届* 入線☆ 使用開始$
日立笠戸 321	S04.03	S05.07$		A2	S35.02	津軽鉄道 A2（S04.10#）（S05.07$）→改番 C352（S16.10）→廃車

五戸電気鉄道 開業（1929-08-23）改称 五戸鉄道（1936-05-05）改称 南部鉄道（1945-01-01）十勝沖地震 休止（1968-05-16）廃止（1969-04-01）

製造所 製番	車両履歴					備考
	製造年月	設計認可# 竣功届* 使用開始$	前所有	旧番号	廃車年月 （用途廃止）	設計認可# 竣功届* 入線☆ 使用開始$
立山重工 353	S21.06	S21.08#			S31.08	南部鉄道 C400→廃車（S31.08）⇒鉄道車両用品（S31.05）⇒川崎製鉄千葉製鉄所 NUS12（S31.10）→廃車（S41.12）

開業（1927-09-08）ガソリン動力併用認可（1932-04-07）電化600V（1948-07-01）昇圧750V（1954-04-01）昇圧1500V（1961-09-01）弘前電鉄 譲受（1970-10-01）国鉄黒石線 譲受（1998-04-01）

製造所 製番	製造年月	改造所	認可届# 竣功届* 入籍% 使用開始$	認可内容 改造内容	前所有	旧番号	廃車年月 （用途廃止）	備考 設計認可・増加届・変更届# 入線☆ 竣功届* 使用開始$
雨宮製作所 東洋電機	T10.03	自社工場	S25.09 S30.11	鋼体化・台車交換・制御器1個撤去 間接制御化	駿豆鉄道	1	→	駿豆鉄道 1[82]（T10.04#）⇒弘南鉄道 ED1（S23.05%）（S23.06#）→ 項目3参照 [1]パンタ上昇高サ[2]大阪高野鉄道旧車体転用
雨宮製作所 東洋電機	T10.03	自社工場			駿豆鉄道	2	S30.07	駿豆鉄道 2[84]（T10.04#）⇒弘南鉄道 ED2（S23.10%）（S23.06#）→廃車 [3]パンタ上昇高サ[4]大阪高野鉄道旧車体転用
雨宮製作所 東洋電機	T10.03					ED1	S37.03	駿豆鉄道 1（T10.04#）⇒弘南鉄道 ED1（S23.05%）（S23.06#）→改番 ED202（S34.08#）→廃車
Baldwin 58248 WH	T15.03	自社工場	S35.09# S49.11#	譲受車両設計認可 譲受車両設計認可 入線整備	一畑電鉄	ED221		信濃鉄道 1（T15.03#）⇒鉄道省 買収 1（S12.06）→ED221（S13.--）→廃車（S23.01）⇒西武鉄道 1（S23.01）→ED1（S23.--）→近江鉄道 借入（S23.09%）（S23.10#）→廃車（S24.08）⇒近江鉄道 ED1（S25.02#）→ED221（S30.11）⇒西武鉄道 ED221 [5]（S35.06）⇒一畑電鉄 ED221（S35.09%）→廃車（S48.01）⇒弘南鉄道 ED221（S49.11#）（S49.12%）→ [5]書類上
日鉄自	S24.11	自社工場	S25.08# S30.11#	譲受車両設計認可 東芝RB-208直接制御器変更 HL化	三井三池[6]	ED301[6]	H16.03	三井三池⇒弘南鉄道 ED301（S25.08#）（S25.08$）→ [6]書類上
Baldwin WH	T12.11	自社工場	S36.10#	譲受車両設計変更認可	西武鉄道	13		武蔵野鉄道 デキカ13⇒西武鉄道 13（S20.09）→廃車（S36.08）⇒弘南鉄道 ED333（S36.08%）（S36.10#）→
加藤車輌	T12.06	自社工場 国鉄盛岡工場	S24.12# S26.12	譲受車両設計認可 両運転台→片運転台化	南海電鉄	デニホ10	→	加太電気鉄道 ホハ52→デハ10（S11.03#）⇒南海電鉄 デホ10（S17.02）⇒弘南鉄道 デニホ10（S25.01%）→ 項目25参照
加藤車輌	S04.01	自社工場	S25.06#	譲受車両設計変更認可	南海電鉄	デホ11	S36.07	加太電気鉄道 ホハ53→デハ11（S11.03#）⇒南海電鉄 デホ11（S17.02）⇒弘南鉄道 デハ11（S24.12#）（S25.03%）→廃車
蒲田車輌	T14.02	北日本車輌	S27.07#	Mc化（直接制御車）・荷物室撤去	運輸省	モハニ101		宮城電鉄 デホハ101→デホハニ101（S07.03）→デハニ101（S10.01）→モハニ101（S16.12）→運輸通信省 モハニ101（S19.05）→運輸省 廃車（S24.03）⇒弘南鉄道 モハ21（S25.07%）→ 項目26参照
加藤車輌	S05.08	自社工場	S26.04#	譲受車両設計認可	南海電鉄	デニホ51	S36.09	加太電気鉄道 デニホ51（S11.03#）⇒南海電鉄 デニホ51（S17.02）⇒弘南鉄道 デニホ51（S25.10%）→廃車（S36.09）⇒日立電鉄 モハ51（S36.09#）→廃車（S57.05）
日車支店	T14.11	日車支店 カテツ交通 大栄車輌	S26.11 S27.01 S35.--	更新空車体転用 機器新製（制御装置・電動機他）簡易鋼体化（出張工事）	弘前電鉄	モハ101	S51.01	秩父鉄道 デハ17→デハ105（S27.01#）⇒弘前電鉄 モハ17[7]→モハ101（S27.01$）⇒弘南鉄道 モハ101（S45.10）→廃車 [7]書類上車号
日車支店	T14.11	日車支店 カテツ交通 カテツ交通 大栄車輌	S26.11 S27.01 S35.05 S37.10	更新空車体転用 機器新製（制御装置・電動機他）車内更新 簡易鋼体化	弘前電鉄	モハ102	S48.07	秩父鉄道 デハ19→デハ107（S27.01#）⇒弘前電鉄 モハ19[8]→モハ102（S27.01$）⇒弘南鉄道 モハ102（S45.10）→廃車 [8]書類上番号
日車支店	T14.11	日車支店 カテツ交通 カテツ交通 大栄車輌	S26.11 S27.01 S35.05 S37.10	更新空車体転用 機器新製（制御装置・電動機他）車内更新 簡易鋼体化	弘前電鉄	モハ103	S51.01	秩父鉄道 デハ18→デハ106（S27.01#）⇒弘前電鉄 モハ18[9]→モハ103（S27.01$）⇒弘南鉄道 モハ103（S45.10）→廃車 [9]書類上番号
梅鉢鉄工	T12.03	日車支店 日車支店 大栄車輌	S27.12 S28.11# S34.10#	更新空車体転用 機器新製（制御装置・電動機他）鋼体化改造	弘前電鉄	モハ105	H01.12	秩父鉄道 デハ14（T12.03）→デハ110（S27.11#）⇒弘前電鉄 モハ105（S28.12%）⇒弘南鉄道 モハ105（S45.10）→廃車
木南車輌	S17.11	自社工場	S37.11#	譲受車両設計認可	弘前電鉄	モハ106	S52.--	秩父鉄道 クハ52→デハ52（S22.02）→廃車（S37.11）⇒弘前電鉄 モハ106（S37.11#）⇒弘南鉄道 モハ106（S45.10）→廃車
木南車輌	S17.11	自社工場	S41.03#	譲受車両設計認可	弘前電鉄	モハ107	S50.--	秩父鉄道 クハ51→デハ51（S22.02）→廃車（S41.03）⇒弘前電鉄 モハ107（S41.03#）⇒弘南鉄道 モハ107（S45.10）→廃車
西武所沢	S42.09	西武所沢工場 自社工場	S43.02# S51.02#	譲受車両設計認可 更新空車体転用 放送装置設置	弘前電鉄	モハ108	H01.12	弘前電鉄 モハ108[10]（S42.10#）⇒弘南鉄道 モハ108（S45.10）→廃車 [10]更新空車体流用 ［S22.09 三井玉野造船 東急電鉄 デハ5403 → クハ483（S40.10#）→サハ483（S41.01）］
日車支店	S04.10	自社工場	S48.07#	譲受車両設計認可	上田交通	モハ5361	S55.03	総武鉄道 モハ1003（S04.11）⇒東武鉄道 モハ1003（S19.03）⇒上田丸子電鉄 モハ1001（S22.10%）→モハ5361（S25.07）→モハ4261（S39.09）⇒上田交通 廃車（S47.11）⇒弘南鉄道 モハ110（S48.05%）→廃車
新潟鉄工	S05.08	自社工場	S48.07#	譲受車両設計認可	上田交通	モハ4256	→	鶴見臨港鉄道 モハ108（S05.10#）→モハ118（S15.04）⇒鉄道省 買収 モハ118（S18.07）→モハ1504（S20.04）→廃車（S32.07）⇒上田丸子電鉄 モハ4256（S33.11%）→廃車（S47.11）⇒弘南鉄道 モハ111[11]（S48.07#）→ [11]書類上 項目50参照
日車本店	S02.--	自社工場	S42.06# S55.05# S56.09#	譲受車両設計認可 保安ブレーキ取付 使用線区変更 大鰐線（S55.12%）	国鉄	クモハ 11124	S63.11	鉄道省 デハ73246→モハ30048（S03.10）→国鉄 モハ11018（S28.06）→モハ11124（S31.02）→クモハ11124（S34.06）→廃車 長野工（S41.03）⇒弘南鉄道 モハ1120（S42.06#）→廃車
汽車支店	T13.--	自社工場	S44.12# S55.05# S56.04#	譲受車両設計認可 保安ブレーキ取付 使用線区変更 大鰐線（S55.09%）	国鉄	クモハ 11409	S63.11	鉄道省 デハ63133→モハ10033（S03.10）→モハ50006（S10.11）→モハ11409（S28.06）→クモハ11409（S34.06）→廃車 弁天橋（S43.06）⇒弘南鉄道 モハ1121（S44.04%）（S44.12#）→廃車

弘南鉄道（電気機関車・電車）弘前〜黒石 16.8 ｋ m 大鰐〜中央弘前 13.9 ｋ m

項目	形式称号	記号番号	車体寸法 最大長 mm	最大幅 mm	最大高 mm	自重(荷重) ton	軸配置定員(座席)	台車 製造所	形式	軸距 mm	制御器 製造所	形式 制御方式	主電動機 製造所	形式	出力kw ×台数
22	モハ11	モハ 1122	16,800	2,930	4,264	40.9	118 (40)		TR14A	2,450	芝浦	RPC101 (CS1) 電空カム軸	日立製作所	MT7	100.0×4 750V
23	モハ20	モハ 2025	19,100	3,030	4,260	48.0	136 (46)		TR14	2,450		CS-5 電空カム軸	日立製作所	MT7	100.0×4 750V
24		モハ 2026	19,100	3,030	4,260	48.0	136 (46)		TR14	2,450		CS-5 電空カム軸		MT15	100.0×4 750V
25	モハ 2210	モハ 2210	15,590	2,615	4,240	28.0	95 (42)	加藤車輌	BW-A系	2,134	芝浦	RPC-50 電空カム軸	芝浦	SE-119	41.0×4 600V
26	モハ 2220	モハ 2220	13,944	2,642	4,102	27.2	88 (40)	Brill	27MCB1	1,473	芝浦	RPC-50 電空カム軸	芝浦	SE-119	41.0×4 600V
27	モハ 2230	モハ 2230	14,705	2,600	4,070	28.5	90 (42)	日車	D-16	2,250	芝浦	PC-12 電空カム軸			59.0×4 600V
28	モハ 2231	モハ 2231	17,000	2,715	4,300	34.0	112 (42)		TR14	2,450		間接非自動 電磁空気単位SW	日立製作所	MT7	100.0×4 750V
29		モハ 2232	17,000	2,715	4,300	34.0	112 (42)		TR14	2,450		間接非自動 電磁空気単位SW	日立製作所	MT7	100.0×4 750V
30		モハ 2233	17,000	2,715	4,300	34.0	112 (44)		TR14	2,450		間接非自動 電磁空気単位SW	日立製作所	MT7	100.0×4 750V
31	モハ 2250	モハ 2250	17,000	2,650	4,039	38.3	112 (48)	新潟鉄工	TR14	2,450		間接非自動 電磁空気単位SW	日立製作所	MT7	100.0×4 750V
32		モハ 2251	17,000	2,650	4,039	38.3	112 (48)	新潟鉄工	TR14	2,450		間接非自動 電磁空気単位SW	日立製作所	MT7	100.0×4 750V
33		モハ 2252	17,000	2,650	4,039	38.3	112 (48)	新潟鉄工	TR14	2,450		CS-5 電空カム軸	日立製作所	MT7	100.0×4 750V
34		モハ 2253	17,000	2,650	4,039	38.3	112 (48)	新潟鉄工	TR14	2,450	日立製作所	CS-5 電空カム軸	日立製作所	MT7	100.0×4 750V
35	モハ 3400	モハ 3403	17,000	2,720	4,225	36.9	130 (44)	川崎車輌	BW系	2,350	東洋電機	CS-5 電空カム軸	東洋電機	TDK528/2-B	94.0×4 750V
36		モハ 3404	17,000	2,720	4,225	36.9 40.0	130 (44)	川崎車輌	BW系	2,350	東洋電機	CS-5 電空カム軸	東洋電機	TDK501-SW	93.3×4 750V
37	モハ 3600	モハ 3601	17,840	2,780	4,185	38.0	130 (50)		TR14	2,450	日立製作所	MMC-H-10D1	日立製作所	HS-269-Cr	142.0×4 750V
38		モハ 3602	17,840	2,780	4,185	38.0	130 (50)		TR14	2,450	日立製作所	MMC-H10-G	日立製作所	HS-269-Cr	142.0×4 750V
39		モハ 3607	17,840	2,780	4,185	38.0	130 (50)		TR14	2,450	日立製作所	MMC-H10-G	日立製作所	HS-269-Cr	142.0×4 750V

製造所 製番	製造年月	改造所	認可届# 竣功届* 入籍㏒ 使用開始$	認可内容 改造内容	前所有	旧番号	廃車年月 (用途廃止)	備考 設計認可・増加届・変更届# 入線☆ 竣工届* 使用開始$
日車支店	T13. --	西武所沢工場 自社工場 自社工場	S46.02 S46.10# S56.04#	譲渡改造 譲受車車両設計認可 使用線区変更 大鰐線 (S55.09☆)	西武鉄道	クモハ328	H11.06	鉄道省 デハ63150→モハ10052 (S03.10)→モハ50058 (S14.03) →運輸省 戦災廃車 (S21.01)⇒西武鉄道 モハ314 (S24.08)→モハ328 (S33.05) →クモハ328 (S39.01)→廃車 (S46.02)→弘南鉄道 モハ1122 (S46.03☆) (S46.10#)→廃車
川崎車輌	S05.05	国鉄吹田工場 国鉄吹田工場 国鉄盛岡工場 自社工場	S27.12 S32.02 S41.10# S46.03	制御装置変更 CS-10化 三扉化・片運転台化・ グローブ通風器 入線整備・両運転台化 改造 (S41.06) 制御装置変更・台車変更・MM変更&12	松尾鉱業	クモハ201	→	阪和電鉄 モヨ104⇒南海鉄道 合併 モヨ104 (S15.12) ⇒運輸通信省 買収 モハ2202 (S19.05)→モハ2202 (S28.06)→クモハ2202 (S34.06) →クモハ20052 (S34.12)→廃車 吹田工 (S41.03) ⇒松尾鉱業 クモハ201 (S41.05☆) (S41.10#)→廃車 (S44.12) →弘南鉄道 モハ2025 (S45.09☆) (S46.06#)→ ・&12 CS10・・D-28・・TDK529-A → 項目69参照
川崎車輌	S05.05	国鉄吹田工場 国鉄吹田工場 国鉄盛岡工場 自社工場	S28.03 S32.06 S41.10# S46. --	制御装置変更 CS-10化 三扉化・片運転台化・ グローブ通風器 入線整備・両運転台化 改造 (S41.06) 制御装置変更・台車変更・MM変更&13	松尾鉱業	クモハ202	→	阪和電鉄 モヨ106⇒南海鉄道 合併 モヨ106 (S15.12) ⇒運輸通信省 買収 モハ2204 (S19.05)→モハ2204 (S28.06)→クモハ2204 (S34.06) →クモハ20054 (S34.12)→廃車 吹田工 (S41.03) ⇒松尾鉱業 クモハ202 (S41.05☆) (S41.10#)→廃車 (S44.12) →弘南鉄道 モハ2026 (S45.09☆) (S46.06#)→ 項目70参照 ・&13 CS10・・D-28・・TDK529/A
加藤車輌	T12.06	自社工場	S31.10#	鋼体化名義車体交換		デニホ10	S36.06	加太電気鉄道 ホハ52→デホ11 (S11.03#)→南海電鉄 デホ11 (S17.02) ⇒弘南鉄道 デニホ10 (S25.01☆)→車体交換&14 (S31.10#)→廃車 (S36.06) ⇒日立電鉄 モハ2210 (S36.09☆)→廃車 (S54.05) &14 [S04.10 新潟鉄工 定山渓鉄道モハ101 更新空車体 (S30.09)]
蒲田車輌	T14.02	盛岡工場	S32.08	制御装置変更 間接制御式 改番		モハ21	S36.09	宮城電鉄 デホ101→デホハ101 (S07.03)→デハニ101 (S10.01) →モハニ101 (S16.12)⇒運輸通信省 買収 モハニ101 (S24.03) →弘南鉄道 モハ21 (S25.07)→モハ2220 (S32.08)→廃車 (S36.09) →車体平賀町弘南鉄道産業作業員詰所→解体
自社工場	S30.07	東急横浜 日車支店 自社工場	S25.09 S29.02 S30.07	片通・運転室全室化 クハニ30 鋼体化名義 Mc化・台車変更 (旧宮城日車D-16)			S36.09	[S03.09 汽車会社 南武鉄道 モハ108⇒運輸通信省 買収 モハ108 (S19.04) →廃車 (S24.03)⇒秩父鉄道 クハ21 (S25.09)→弘南鉄道 モハ2230&15 (S30.08#) →廃車 (S36.09)⇒日立電鉄 モハ2230 (S37.03#)→廃車 (S54.05) &15 鋼体化空車体転用
川崎車輌	S03.06	西武所沢工場 西武所沢工場 自社工場	S29.02# S36.10# S50.08	出入口増設 半自動扉化・ステップ 撤去 (S36.08) 使用線区変更 (大鰐線)	西武鉄道	モハ233	S56.10	武蔵野鉄道 デハ5553→西武鉄道 モハ233 (S23.06) ⇒弘南鉄道 モハ233 (S36.08☆)→モハ2231→廃車
川崎車輌	S03.06	西武所沢工場 西武所沢工場 自社工場	S29.02# S36.10# S45.09	出入口増設 半自動扉化・ステップ 撤去 (S36.08) 使用線区変更 (大鰐線) 電装解除	西武鉄道	モハ238	S56.12	武蔵野鉄道 サハニ5754→サハ5754 (S11.03)→デハ5754 (S17.08) →西武鉄道 モハ238 (S23.06)⇒弘南鉄道 モハ238 (S36.08☆)→モハ2232→廃車
西武所沢工場	S37.03	西武所沢工場 西武所沢工場 自社工場	S29.02# S37.03# S49.06#	出入口増設 半自動扉化・ステップ 撤去 (S37.03) 使用線区変更・ 踏段改造	西武鉄道	モハ235	S63.11	【S03.06 川崎造船 武蔵野鉄道 デハ5554→西武鉄道 モハ235 (S23.06)→廃車】 ⇒弘南鉄道 モハ2233 (S36.08☆) (S37.05)→廃車
新潟鉄工	S03.02	自社工場	S36. -- S46.04	車体変更・ ロングシート化改造 大鰐線転出	国鉄	モハ1207	S56.10	富士身延鉄道 デハ112→モハ112 (S03.12) →鉄道省 買収 (S16.03)→モハ93008 (S16.05)→モハ1207 (S28.06) →廃車 名古屋工 (S32.06)⇒弘南鉄道 モハ2250 (S34.02#)→廃車
日車本店	S02.03	自社工場	S36.03 S40.07# S45.09 S51.01#	三扉化改造・ ステップ撤去 ロングシート化改造 制御車代用 台車変更 D-20→TR14 大鰐線転出 踏段改造 (S50.11)	国鉄	モハ1201	→	富士身延鉄道 デハ102→モハ102 (S03.12)⇒鉄道省 買収 (S16.03) →モハ93002 (S16.05)→モハ1201 (S28.06)→廃車 名古屋工 (S33.11) ⇒弘南鉄道 モハ2251 (S36.01#)→ 項目71参照
日車本店	S02.03	自社工場	S36.03# S40.07# S51.01# S56.03	三扉化改造・ ステップ撤去 ロングシート化改造 大鰐線転出 踏段改造 (S50.11) 制御器変更 HL→CS5	国鉄	モハ1203	S63.11	富士身延鉄道 デハ104→モハ104 (S03.12) ⇒鉄道省 買収 (S16.03)→モハ93004 (S16.05)→モハ1203 (S28.06) →廃車 名古屋工 (S33.11)⇒弘南鉄道 モハ2252 (S36.01#)→廃車
日車本店	S02.03	自社工場	S36.03# S40.07# S51.01# S56.03	三扉化改造・ ステップ撤去 ロングシート化改造 大鰐線転出 踏段改造 (S50.11) 制御器変更 HL→CS5	国鉄	モハ1204	S63.11	富士身延鉄道 デハ105→モハ105 (S03.12) ⇒鉄道省 買収 (S16.03)→モハ93005 (S16.05)→モハ1204 (S28.06) →廃車 名古屋工 (S33.11)⇒弘南鉄道 モハ2253 (S36.01#)→廃車
川崎車輌	S03.11	自社工場	S50.12# S56.09# S59.02#	譲受車両設計認可 使用線区変更 大鰐線 (S55.12☆) 運転室増設両運転台化 (S58.07)	東急電鉄	デハ3403	H07.10	目黒蒲田電鉄 モハ503→東急電鉄 デハ3403 (S17.01)→廃車 (S50.07) ⇒弘南鉄道 モハ3403 (S50.07☆) (S50.10)→廃車
川崎車輌	S03.11	自社工場	S50.12# S56.09# S59.02#	譲受車両設計認可 使用線区変更 大鰐線 (S55.12☆) 運転室増設両運転台化 (S58.07)	東急電鉄	デハ3404	H11.06	目黒蒲田電鉄 モハ504→東急電鉄 デハ3404 (S17.01)→廃車 (S50.07) ⇒弘南鉄道 モハ3404 (S50.07☆) (S50.09)→廃車
川崎車輌	S06.12	東急横浜 東横車輌 自社工場	S24.08 S39.12 S55.07#	事故復旧 (鋼体修理) 車体更新 譲受車両設計認可 入線整備	東急電鉄	デハ3601	H11.06	鉄道省 モハ31087→運輸省 事故廃車 (S24.08) ⇒東急電鉄 デハ3601 (S24.08#) (S24.11#)→廃車 (S54.11) ⇒弘南鉄道 モハ3601 (S54.11#) (S55.07$)→廃車
日車本店	S02.03	東横車輌 東横車輌 自社工場	S24.09 S40.05 S55.07#	事故復旧 (鋼体修理) 車体更新 譲受車両設計認可 入線整備	東急電鉄	デハ3602	H03.03	鉄道省 デハ73234→モハ30036 (S03.10)→運輸省 事故廃車 (S22.04) ⇒東急電鉄 デハ3602 (S24.09#) (S24.11#)→廃車 (S54.11) ⇒弘南鉄道 モハ3602 (S54.11#) (S55.07$)→廃車
川崎造船	S02.12	東横車輌 東横車輌 自社工場	S24.12 S39.05 S55.08#	戦災復旧 (鋼体修理) 車体更新 同一設計認可 入線整備	東急電鉄	デハ3607	H01.12	鉄道省 デハ73306→モハ30108 (S03.10)→運輸省 戦災廃車 (S21.11) ⇒東急電鉄 モハ3607 (S25.03#)→廃車 (S55.08) ⇒弘南鉄道 モハ3607 (S55.08#) (S55.11)→廃車

弘南鉄道（電気機関車・電車）弘前〜黒石 16.8ｋｍ 大鰐〜中央弘前 13.9ｋｍ

項目	形式称号	記号番号	車体寸法 最大長 mm	車体寸法 最大幅 mm	車体寸法 最大高 mm	自重(荷重) ton	軸配置定員(座席)	台車 製造所	台車 形式	台車 軸距 mm	制御器 製造所	制御器 形式 制御方式	主電動機 製造所	主電動機 形式	主電動機 出力kw ×台数
40	モハ 3600	モハ 3608	17,840	2,780	4,185	38.0	130 (50)		TR14	2,450	日立製作所	MMC-H10-G	日立製作所	HS-269-Cr	142.0×4 750 V
41		モハ 3612	17,000	2,845	4,110	38.0	130 (40)		TR22	2,450	日立製作所	MMC-H10G2	日立製作所	HS-269-Cr	142.0×4 750 V
42		モハ 3613	17,000	2,845	4,110	38.0	130 (40)		TR22	2,450	日立製作所	MMC-H10G2	日立製作所	HS-269-Cr	142.0×4 750 V
43		モハ 3614	17,000	2,845	4,110	38.0	130 (40)		TR22	2,450	日立製作所	MMC-H10-G		MT40	142.0×4 750 V
44		モハ 3616	17,000	2,845	4,110	38.0	130 (40)		TR22	2,450	日立製作所	MMC-H10-G		MT40	142.0×4 750 V
45	クハ200	クハ201	16,660	2,728	3,885	27.2	126 (52)	住友製鋼所	KS-30La	2,134					
46		クハ202	15,940	2,700	3,770	23.2	110 (36)		TR10	2,180					
47	クハニ 200	クハニ 201	15,940	2,700	3,880	23.1	80 (36)		TR10	2,180					
48		クハニ 202	15,940	2,700	3,880	23.1	80 (36)		TR10	2,180					
49		クハニ 203	15,940	2,700	3,880	23.1	80 (36)		TR10	2,180					
50	クハ200	クハ205	15,545	2,720	3,850	25.0	110 (42)	日車本店	D-16	2,140					
51	クハ 1160	クハ 1160	16,050	2,740	3,810	22.5	113 (44)		TR11	2,450					
52		クハ 1161	16,050	2,740	3,810	22.5	113 (44)		TR11	2,450					
53	クハニ 1262	クハニ 1262	16,500	2,700	3,870	23.0	80 (44)		TR11	2,450					
54		クハニ 1263	16,500	2,700	3,870	23.2	80 (44)		TR11	2,450					
55		クハニ 1264	16,500	2,700	3,870	23.2	80 (44)		TR11	2,450					
56	クハ 1266	クハ 1266	17,000	2,740	3,885	23.5	112 (48)		TR10	2,180					
57		クハ 1267	17,000	2,740	3,885	23.5	112 (48)		TR10	2,180					
58	クハニ71	クハニ 1271	16,810	2,742	3,880	25.5 2.0	100 (44)	日車支店	D-15	2,140					
59		クハニ 1272	16,810	2,742	3,880	25.5 2.0	100 (44)	日車支店	D-15	2,140					
60	クハニ 1281	クハニ 1281	17,052	2,740	3,781	24.8 2.0	76 (38)		TR11	2,450					
61		クハニ 1282	17,052	2,740	3,781	24.8 2.0	100 (40)		TR11	2,450					
62		クハニ 1283	17,052	2,740	3,781	24.8 2.0	100 (40)		TR14	2,450					
63	クハ16	クハ 1610	17,000	2,885	4,010	29.2	112 (40)		TR11	2,450					
64		クハ 1611	17,000	2,885	4,010	29.2	112 (40)		TR11	2,450					
65		クハ 1612	16,800	2,930	3,950	28.5	112 (48)		TR11	2,450					
66		クハ 1613	17,000	2,885	4,010	29.2	112 (40)		TR11	2,450					

車両履歴								備　考
製造所 製番	製造年月	改造所	認可届# 竣功届* 入籍% 使用開始$	認可内容 改造内容	前所有	旧番号	廃車年月 (用途廃止)	設計認可・増加届・変更届# 入線☆ 竣工届* 使用開始$
日車本店	S03.11	東急横浜 東横車輌 自社工場	S24.11 S41.03 S55.08%	戦災復旧(鋼体修理) 車体更新 同一設計増備認可 入線整備	東急電鉄	デハ3608	H07.10	鉄道省 モハ30175(S03.10)→運輸省 戦災廃車(S21.01)⇒東急電鉄 デハ3608(S25.03#)(S25.08☆)→廃車(S55.08)⇒弘南鉄道 モハ3608(S55.08%)(S55.11)→廃車
汽車支店	S26.02	汽車支店 自社工場	S26.02# S50.12%	台枠流用車体新製 譲受車両設計認可 入線整備	東急電鉄	デハ3612	H03.03	【S02.-- 日車 鉄道省デハ73237→モハ30037(S03.10)→運輸省 戦災廃車(S21.01)】⇒東急電鉄 デハ3612(S26.02#)→廃車(S50.07)⇒弘南鉄道 デハ3612(S50.08%)(S50.12)→廃車
新日国工業	S25. --	新日国工業 自社工場	S25.03# S50.12%	台枠流用車体新製 譲受車両設計認可 入線整備	東急電鉄	デハ3606	H07.10	【T13.07 日車支店 鉄道省サロ43121→サロ18022(S03.10)→クハ65096(S15.03)→運輸省 戦災廃車(S21.01)】⇒東急電鉄 デハ3606(S25.03#)→廃車(S51.07)⇒弘南鉄道 モハ3613(S51.07%)(S51.10)→廃車
日車支店	S27.02	日車支店 自社工場	S27.02# S51.09%	台枠流用車体新製 同一設計増備認可 入線整備	東急電鉄	デハ3614	H01.12	【S10.06 田中車輌 鉄道省 モハ40132→モハ40052(S11.04)→廃車(S21.01)】⇒東急電鉄 デハ3614(S27.02#)→廃車(S51.07)⇒弘南鉄道 モハ3614(S51.07%)(S51.08)→廃車
日車支店	S27.02	日車支店 自社工場	S26.11# S51.09%	車体新製 同一設計増備認可 入線整備	東急電鉄	デハ3616	H01.12	東急電鉄 デハ3616(S26.11#)→廃車(S50.07)⇒弘南鉄道 モハ3616(S50.08%)(S50.09)→廃車
川崎車輌	S04.03	自社工場	S45.08#	譲受車両設計認可	小田急	クハ1459	S56.12	小田原急行 クハ554⇒東急電鉄 クハ1309(S17.06)⇒小田急電鉄 クハ1309(S23.06)→クハ1459(S26.01)→廃車(S43.11)⇒弘南鉄道 クハ201(S44.08#)⇒弘南鉄道 クハ201(S45.10$)→廃車
日車本店	T07. --	カテツ交通 大栄車輌	S26.12 S36.12#	荷物室付制御車化改造 荷物撤去	弘前電鉄	クハ202	S48.07	鉄道省 デハ16330→サハ16429(T15.--)→サハ19020(S03.10)→廃車(S26.09)⇒弘前電鉄 クハニ202(S26.11)(S27.01$)→クハ202(S36.12#)⇒弘南鉄道 クハ202(S45.10)→廃車
日車本店	T07. --	カテツ交通	S26.12	荷物室付制御車化改造	弘前電鉄	クハニ201	S45.11	鉄道省 デハ16329→サハ16428(T15.--)→サハ19019(S03.10)→廃車(S26.09)⇒弘前電鉄 クハニ201(S26.11)(S27.01$)⇒弘南鉄道 クハニ201(S45.10)→廃車
日車本店	T07. --	カテツ交通	S26.12	荷物室付制御車化改造	弘前電鉄	クハニ202	→	鉄道院 デハ16330→サハ16429(T15.--)→サハ19020(S03.10)→廃車(S26.09)⇒弘前電鉄 クハニ202(S26.11)(S27.01$)→項目46参照
天野工場	T06. --	カテツ交通	S26.12	荷物室付制御車化改造	弘前電鉄	クハニ203	S50.02	鉄道省 クハ6433→サハ6415(T13.--)→サハ6006(S03.10)→サハ19050(S07.01)→廃車(S23.10)⇒弘前電鉄 クハニ202(S26.11)(S27.01$)→廃車
新潟鉄工	S05.08	自社工場	S48.07#	制御車化改造		モハ111	S55.03	鶴見臨港鉄道 モハ108(S05.10#)→モハ118(S15.04)⇒買収 モハ118(S18.07)→クハ1504(S28.06)→廃車(S32.07)⇒上田丸子電鉄 モハ4256(S33.11#)→モハ4256→上田交通 廃車(S47.11)⇒弘南鉄道 モハ111[13](S48.07#)→クハ205(S48.07)→廃車　[13]書類上
鉄道省 釧路工場	S15.12	自社工場	S25.07 S26.12#	制御車化改造 譲受車両設計認可	西武鉄道	クハ1160	S36.05	【M32.03 鉄道作業局新橋工場 ロホ18→ホロ5506→ホロハ5744→ホハフ2857(S03.10)車体新製】西武鉄道 クハ1161[14](S15.12)→クハ1161[14](S23.06)⇒弘南鉄道 クハ1160(S26.12#)→廃車　[14]客車代用 BC 10,670mm
鉄道省 釧路工場	S15.12	自社工場	S25.07 S26.12#	制御車化改造 譲受車両設計認可	西武鉄道	クハ1161	S33.09	【M42.03 鉄道院大宮工場 日本鉄道 は390→ホハフ7549→ホハ2452(S03.10)車体新製】西武鉄道 クハ1162[15](S15.12)→クハ1162[15](S23.06)⇒弘南鉄道 クハ1161(S26.12#)→廃車　[15]客車代用 BC 10,566mm
梅鉢鉄工場	S02.07	自社工場	S29.07#	制御車化改造		ホハフ1	S33.09	弘南鉄道 ホロハフ1(S02.05#)→ホハフ1(S27.09)→クハ1262(S29.07#)→廃車
梅鉢鉄工場	S02.07	自社工場	S29.07# S33.07%	制御車化改造 荷物室設置・扉増設		ホハフ2	S36.09	弘南鉄道 ホロハフ2(S02.05#)→ホハフ2(S27.09)→クハ1263(S29.07#)→クハニ1263(S33.07#)→廃車
梅鉢鉄工場	S02.07	自社工場	S29.07# S33.07%	制御車化改造 荷物室設置・扉増設		ホハ1	S36.09	弘南鉄道 ホハ1(S02.05#)→クハ1264(S29.07#)→クハニ1264(S33.07#)→廃車
川崎造船	S03.11	西武所沢工場 自社工場	S39.06# S50.09%	譲受車両設計認可 使用線区変更・踏段改造 大鰐線	西武鉄道	クハ1160	H07.10	旧西武鉄道 モハ561→モハ112(S15.05)→西武鉄道 モハ162(S23.06)→クハ1160(S30.03)→廃車⇒弘南鉄道 クハ1266(S39.04%)→廃車
川崎造船	S03.11	西武所沢工場 自社工場	S39.06# S49.06%	譲受車両設計認可 使用線区変更・踏段改造 大鰐線	西武鉄道	クハ1159	H11.06	旧西武鉄道 モハ560→モハ111(S15.05)→西武鉄道 モハ161(S23.06)→クハ1159(S30.03)→廃車⇒弘南鉄道 クハ1267(S39.04%)→廃車
日車支店	S04.05	自社工場	S33.12# S37.05* S40.07* S52.06%	譲受車両設計認可 昇圧 回路変更 ロングシート化改造 使用線区変更 大鰐線 (S52.08☆)	国鉄	サハニ7901	H01.12	伊那電気鉄道 サハニ404⇒鉄道省 買収 サハニ404(S18.07)→サハニ7902(S28.06)→廃車 盛岡工(S32.08)⇒弘南鉄道 クハニ1271(S33.12)→廃車
日車支店	S04.05	自社工場	S33.12# S40.07* S56.04☆	譲受車両設計認可 ロングシート化改造 使用線区変更 大鰐線 (S55.12☆)	国鉄	サハニ7902	S60.10	伊那電気鉄道 サハニ403→鉄道省 買収 サハニ403(S18.07)→サハニ7901(S28.06)→廃車 盛岡工(S32.08)⇒弘南鉄道 クハニ1271(S33.12#)→廃車
日車本店	S03.06	自社工場	S34.02 S40.07* S45.09	ステップ・WC撤去 ロングシート化改造 使用線区変更 大鰐線	国鉄	クハニ7201	S51.01	富士身延鉄道 クハユニ301→鉄道省 買収(S16.03)→クハユニ95002(S16.05)→クハニ7201(S28.06)→廃車 名古屋工(S32.06)⇒弘南鉄道 クハニ1281(S34.02#)→廃車
日車本店	S03.06	自社工場	S36.01# S40.07* S45.09	譲受車両設計認可 ロングシート化改造 使用線区変更 大鰐線	国鉄	クハニ7210	S51.01	富士身延鉄道 クロハニ310→クハ310⇒鉄道省 買収(S16.03)→クハニ96001(S16.05)→クハニ7210(S28.06)→国鉄 廃車 名古屋工(S33.11)⇒弘南鉄道 クハニ1281(S36.01#)→廃車
日車本店	S03.06	自社工場	S36.01# S40.07*	譲受車両設計認可 ロングシート化改造	国鉄	クハニ7211	S51.01	富士身延鉄道 クロハニ311→クハ311⇒鉄道省 買収(S16.03)→クハニ96002(S16.05)→クハニ7211(S28.06)→国鉄 廃車 名古屋工(S33.11)⇒弘南鉄道 クハニ1282(S36.01#)→廃車
田中車輌	S02. --	自社工場	S42.06# S56.04%	保安ブレーキ取付 使用線区変更 大鰐線 (S55.09%)	国鉄	クハ16222	S63.11	鉄道省 デハ73340→モハ30142(S03.10)→クハ38100(S24.10)→クハ16138(S28.04)→クハ16222(S34.05)→廃車 長野工(S41.03)⇒弘南鉄道 クハ1610(S42.06#)→廃車
日車支店	T11. --	鉄道省大井工場 自社工場 自社工場	S15.12 S45.08# S57.04%	鋼体化工事 同一設計増加届 使用線区変更 大鰐線 (S56.10%)	国鉄	クハ16528	S60.10	鉄道省 サハ33784→サハ25096(S03.10)→クハ65150(S15.12)→クロハ16828(S28.06)→クハ16528(S39.08)→廃車 中原区(S45.02)⇒弘南鉄道 クハ1611(S45.03%)(S45.08#)→廃車
鉄道院 大井工場	T06. --	西武所沢工場 自社工場 自社工場	S46.10# S55.08% S56.04%	譲受車両設計認可 保安ブレーキ取付 使用線区変更 大鰐線 (S55.09%)	西武鉄道	クハ1319	H11.06	鉄道省 サロ6201→サハ6199(T14.--)→サハ25148(S03.10)→戦災廃車(S21.11)⇒西武鉄道 クハ1319→廃車(S46.02)⇒弘南鉄道 クハ1612(S46.03%)→廃車
汽車支店	T15. --	鉄道省大井工場 自社工場 自社工場	S13.08 S49.03# S57.04%	鋼体化工事 同一設計増加届 使用線区変更 大鰐線 (S56.10%)	国鉄	クハ16449	S63.11	鉄道省 サハ33654→サハ26080(S03.10)→クハ17079(S09.11)→クハ65065(S13.08)→クハ16449(S28.06)→廃車 中原区(S48.06)⇒弘南鉄道 クハ1613(S48.12%)→廃車

弘南鉄道（電気機関車・電車）弘前～黒石 16.8 ｋｍ 大鰐～中央弘前 13.9 ｋｍ

項目	形式称号	記号番号	車体寸法 最大長 mm	車体寸法 最大幅 mm	車体寸法 最大高 mm	自重(荷重) ton	軸配置定員(座席)	台車 製造所	台車 形式	台車 軸距 mm	制御器 製造所	制御器 形式 制御方式	主電動機 製造所	主電動機 形式	主電動機 出力kw ×台数
67	クハ16	クハ1614	17,000	2,885	4,010	29.2	112(40)		TR11	2,450					
68	クハ17	クハ1700	17,000	2,955	4,020	27.3	120(48)		TR23	2,450					
69	クハ20	クハ2025	19,100	3,030	4,070	39.0	136(46)	日車本店	D-20(DT28)	2,500					
70		クハ2026	19,100	3,030	4,070	39.0	136(46)	日車本店	D-20(DT28)	2,500					
71	クハ2250	クハ2251	17,000	2,650	4,039	26.0	112		TR11	2,450					
72	クハ3600	クハ3672	17,840	2,880	3,790	28.7	130(52)		TR11	2,450					
73		クハ3674	17,840	2,880	3,790	28.7	130(52)		TR11	2,450					
74		クハ3675	17,840	2,880	3,790	28.7	130(52)		TR14	2,450					
75	クハ3700	クハ3773	17,840	2,880	3,790	28.7	130(52)		TR11	2,450					
76		クハ3774	17,840	2,880	3,790	28.7	130(52)		TR11	2,450					
77		クハ3775	17,840	2,880	3,790	28.7	130(52)		TR11	2,450					
78		クハ3776	17,000	2,845	3,750	28.1	130(40)		TR11	2,450					
79		クハ3777	17,000	2,845	3,750	28.1	130(40)		TR11	2,450					
80		クハ3778	17,000	2,845	3,750	28.1	130(40)		TR11	2,450					
81		クハ3779	17,000	2,845	3,750	28.1	130(40)		TR11	2,450					
82		クハ3780	17,000	2,845	3,750	28.1	130(40)		TR14	2,450					
83		クハ3781	17,000	2,845	3,750	28.1	130(40)		TR11	2,450					
84	サハ1	サハ1	9,950	2,640	3,690	13.5	60	Brill	76E	1,473					
85	サハ17	サハ1700	17,000	2,955	4,020	27.3	120(48)		TR23	2,450					

弘前電気鉄道（電車）大鰐～中央弘前 13.9 ｋｍ

項目	形式称号	記号番号	車体寸法 最大長 mm	車体寸法 最大幅 mm	車体寸法 最大高 mm	自重(荷重) ton	軸配置定員(座席)	台車 製造所	台車 形式	台車 軸距 mm	制御器 製造所	制御器 形式 制御方式	主電動機 製造所	主電動機 形式	主電動機 出力kw ×台数
1	モハ100	モハ101	15,310	2,700	4,110	34.9	100(48)	Brill	27MCB-2	2,134	三菱電機	CB-8-232 電空単位SW	三菱電機	MB-304-AR	74.6×4 750V
2		モハ102	15,310	2,700	4,110	35.1	100(48)	Brill	27MCB-2	2,134	三菱電機	CB-8-232 電空単位SW	三菱電機	MB-304-AR	74.6×4 750V

開業（1952-01-16）弘南鉄道 譲渡（1970-10-01）

製造所 製番	製造年月	改造所	認可届# 竣功届* 入籍§ 使用開始§	認可内容 改造内容	前所有	旧番号	廃車年月 (用途廃止)	備考 設計認可・増加届・変更届# 入線§ 竣工届* 使用開始§
汽車支店	T15. --	自社工場 自社工場	S49.03# S55.05#	同一設計増加届 保安ブレーキ取付	国鉄	クハ16548	H01.12	鉄道省 サハ33634→サハ26060（S03.10）→クハ17059（S08.01）→クハ65212（S17.10）→クロハ16848（S28.06）→クハ16548（S40.03）→廃車 中原区（S48.06）⇒弘南鉄道 クハ1614（S48.12ツ）→廃車
日車支店	S07.03	自社工場 自社工場 自社工場	S46.06# S53.06# S59.05	譲受車両設計認可 保安ブレーキ取付 付随随制御車化改造		サハ1700	H03.03	鉄道省 サハ39018（S07.03）→サハ17210（S28.06）→廃車 中原区（S45.02）⇒弘南鉄道 サハ1700→クハ1700（S59.05）→廃車
川崎車輌	S05.05	自社工場 自社工場	S52.11# S55.08#	車種変更 制御車化 保安ブレーキ取付		モハ2025	H01.12	阪和電鉄 モヨ104⇒南海鉄道 合併 モヨ104（S15.12）⇒運輸通信省 買収 モヨ104（S19.05）→モハ2202（S28.06）→クモハ2202（S34.06）→クモハ20052（S34.02）→廃車 吹田工（S41.03）⇒松尾鉱業 クモハ201（S41.10ツ）→廃車（S44.12）⇒弘南鉄道 モハ2025（S45.09ツ）→（S46.06#）→クハ2025（S52.11#）（S53.03*）→廃車
川崎車輌	S05.05	自社工場 自社工場	S52.11# S55.05#	車種変更 制御車化・非貫通化 保安ブレーキ取付		モハ2026	H01.12	阪和電鉄 モヨ104⇒南海鉄道 合併 モヨ104（S15.12）⇒運輸通信省 買収 モヨ106（S19.05）→モハ2204（S28.06）→クモハ2204（S34.06）→クモハ20054（S34.02）→廃車 吹田工（S41.03）⇒松尾鉱業 クモハ201（S41.10ツ）→廃車（S44.12）⇒弘南鉄道 モハ2026（S45.09ツ）→（S46.06#）→クハ2026（S52.11#）（S53.03*）→廃車
日車本店	S03.03	自社工場 自社工場 自社工場	S51.01# S57.01# S57.03#	使用線区変更 臨段改造 大鰐線（S50.11ツ） 車種変更 制御車化 保安ブレーキ取付		モハ2251	S57.02	富士身延鉄道 デハ102→モハ102（S03.12）⇒鉄道省 買収（S16.03）→モハ93002（S16.05）→モハ1201（S28.06）→廃車 名古屋工（S33.11）⇒弘南鉄道 モハ2251（S36.01#）→クハ2251（S57.01#）→廃車
日車本店	S01.12	東横車輌 自社工場 自社工場	S23.05※ S35.01 S56.09#	戦災復旧（鋼体修理） 車体更新 同一設計車両増備届	東急電鉄	クハ3672	H11.06	鉄道省 デハ73225→モハ30025→運輸省 戦災廃車（S21.01）⇒東急電鉄 クハ3672（S23.05）→廃車（S56.07）⇒弘南鉄道 クハ3672（S56.07※）→廃車
日車本店	S02.03	東横車輌 自社工場 自社工場	S24.02※ S36.08 S55.09#	戦災復旧（鋼体修理） 車体更新 譲受車両設計認可	東急電鉄	クハ3674	H07.10	鉄道省 デハ73245→モハ30045→運輸省 戦災廃車（S21.01）⇒東急電鉄 クハ3674（S24.02※）→廃車（S55.04）⇒弘南鉄道 クハ3674（S55.04ツ）→廃車
日車支店	T14. --	東横車輌 自社工場 自社工場	S23.12※ S38.09 S55.09#	戦災復旧（鋼体修理） 車体更新 譲受車両設計認可	東急電鉄	クハ3675	H07.10	鉄道省 デハ63202→モハ10104（S03.10）→クハ50114（S10.11）→運輸省 事故廃車（S22.04）⇒東急電鉄 クハ3675（S23.12※）→廃車（S55.04）⇒弘南鉄道 クハ3675（S55.04ツ）→廃車
汽車支店	T13. --	東急横浜 東横車輌 自社工場	S23.08※ S35.05 S56.09#	戦災復旧（鋼体修理） 車体更新 譲受車両設計認可	東急電鉄	クハ3773	H11.06	鉄道省 サハ33563→サハ26137（S03.10）→クハ15023（S04.02）→クハ65027（S12.02）→運輸省 戦災廃車（S21.11）⇒東急電鉄 クハ3773（S23.08※）→廃車（S55.04）⇒弘南鉄道 クハ3773（S56.09※）→廃車
汽車支店	S02.03	東急横浜 東横車輌 自社工場	S23.09※ S38.03 S56.09#	戦災復旧（鋼体修理） 車体更新 譲受車両設計認可	東急電鉄	クハ3774	H03.03	鉄道省 サハ73523→サハ36024（S03.10）→運輸省 戦災廃車（S21.11）⇒東急電鉄 クハ3774（S23.09※）→廃車（S55.04）⇒弘南鉄道 クハ3774（S56.09※）→廃車
日車本店	S03. --	東急横浜 東横車輌 自社工場	S24.08※ S38.05 S56.09#	戦災復旧（鋼体修理） 車体更新 同一設計車両増備届	東急電鉄	クハ3775	H03.03	鉄道省 サロ73107→サロ35007（S03.10）→サハ36052（S17.11）→運輸省 事故廃車（S23.10）⇒東急電鉄 クハ3775（S24.08※）→廃車（S56.07）⇒弘南鉄道 クハ3775（S56.07※）→廃車
日車	S25.04	日車支店 自社工場 自社工場	S25.04※ S50.12# S53.06#	台枠流用車体新製 譲受車両設計認可（S50.10） 保安ブレーキ設置	東急電鉄	クハ3776	H03.03	【T09. -- 製造所不明 ホハフ2542→ナハフ25242（T11.03）→ナハフ14516（S03.06）】東急電鉄 クハ3776（S25.04※）→廃車（S50.02）⇒弘南鉄道 クハ3776（S50.07ツ）→廃車
日車支店	S25.05	日車支店 自社工場 自社工場	S25.05※ S50.12# S53.06#	台枠流用車体新製 譲受車両設計認可（S50.10） 保安ブレーキ設置	東急電鉄	クハ3777	H03.03	【T12.08 川崎車輌 ナハ25931→ナハ24071&16（S03.03）】&16旧番号 日車事変供出車 旧番不明 東急電鉄 クハ3777（S25.05）→廃車（S50.03）⇒弘南鉄道 クハ3777（S50.07ツ）→廃車
日車支店	S25.05	自社工場 自社工場	S25.05※ S50.12#	台枠流用車体新製 譲受車両設計認可（S50.11）	東急電鉄	クハ3778	H07.10	【T09. -- 製造所不明 ホハ24497→ナハ24497（T11.03）→ ナハ22068（S03.06）→戦災廃車（S22.02）】東急電鉄 クハ3778（S25.05ツ）→廃車（S50.03）⇒弘南鉄道 クハ3778（S50.07ツ）→廃車
日車支店	S26.09	日車支店 自社工場 自社工場	S26.09※ S51.09# S53.06#	車体新製 同一設計車両増備届（S51.09） 保安ブレーキ設置	東急電鉄	クハ3679	H03.03	東急電鉄 クハ3679（S26.09ツ）→廃車（S51.07）⇒弘南鉄道 クハ3779（S51.07ツ）→廃車
新日国工業	S26.02	新日国工業 自社工場 自社工場	S26.02※ S50.12# S52.10#	台枠流用車体新製 譲受車両設計認可（S50.11） 保安ブレーキ設置	東急電鉄	クハ3780	H07.10	【S07.03 日車 サロ45011→サハ78032（S19.09）→運輸省 戦災廃車（SS21.01）】東急電鉄 クハ3780（S26.02）→廃車（S50.03）⇒弘南鉄道 クハ3780（S50.07ツ）→廃車
東急横浜	S26.05	東急横浜 自社工場 自社工場	S26.05※ S51.09# S53.06#	台枠流用車体新製 同一設計車両増備届（S51.09） 保安ブレーキ設置	東急電鉄	クハ3781	H01.12	【M43.08 鉄道院神戸工場 ナニ8900→ナニ16504（S03.10）→戦災廃車（S21.01）】東急電鉄 クハ3781（S26.05ツ）→廃車（S51.07）⇒弘南鉄道 クハ3781（S51.07ツ）→廃車
日車支店	S07.03	北日本車輌	S25.07	エンジン撤去・台車変更 ボギー車化改造		キハ1	S31.10	弘南鉄道 キハ1（S07.04#）→サハ1（S25.07）→廃車
日車支店	S07. --	自社工場	S46.06#	譲受車両設計認可	国鉄	サハ17210	→	国鉄 サハ39018→サハ17210（S28.04）→廃車 中原区（S45.02）⇒弘南鉄道 サハ1700（S45.03§）→ 項目68参照

開業（1952-01-16）　弘南鉄道 譲渡（1970-10-01）

製造所 製番	製造年月	改造所	認可届# 竣功届* 入籍§ 使用開始§	認可内容 改造内容	前所有	旧番号	廃車年月 (用途廃止)	備考 設計認可・増加届・変更届# 入線§ 竣工届* 使用開始§
日車支店	T14.11	日車支店 カテツ交通 大栄車輌	S26.11 S27.01 S35. --	更新空車体転用 機器新製（制御装置・電動機他） 簡易鋼体化（出張工事）	秩父鉄道	デハ17	S45.10	秩父鉄道 デハ17→デハ105（S27.01#）⇒弘前電鉄 モハ17&1→モハ101（S27.01§）⇒弘南鉄道 営業譲渡 モハ101（S45.10）　&1書類上車号
日車支店	T14.11	日車支店 カテツ交通 カテツ交通 大栄車輌	S26.11 S27.01 S35.05 S37.10	更新空車体転用 機器新製（制御装置・電動機他） 車内更新 簡易鋼体化	秩父鉄道	デハ9	S45.10	秩父鉄道 デハ19→デハ107（S27.01#）⇒弘前電鉄 モハ19&2→モハ102（S27.01§）⇒弘南鉄道 営業譲渡 モハ102（S45.10）　&2書類上車号

弘前電気鉄道（電車）大鰐～中央弘前 13.9km

項目	形式称号	記号番号	車体寸法 最大長 mm	車体寸法 最大幅 mm	車体寸法 最大高 mm	自重(荷重) ton	軸配置定員(座席)	台車 製造所	台車 形式	台車 軸距 mm	制御器 製造所	制御器 形式 制御方式	主電動機 製造所	主電動機 形式	主電動機 出力kw×台数
3	モハ100	モハ103	15,310	2,700	4,110	35.1	100 (48)	Brill	27MCB-2	2,134	三菱電機	CB-8-232 電空単位SW	三菱電機	MB-304-AR	74.6×4 750V
4		モハ105	15,310	2,740	4,105	35.8	108 (44)	日車	D-14	2,134	三菱電機	CB-8-232 電空単位SW	三菱電機	MB-64-C	59.7×4 750V
5		モハ106	16,000	2,740	4,115	32.5	110 (56)	木南車輌	K-16	2,250	三菱電機	間接非自動 電磁空気単位SW	三菱電機	MB-146-C	95.0×4
6		モハ107	16,000	2,740	4,115	32.5	110 (56)	木南車輌	K-16	2,250	三菱電機	間接非自動 電磁空気単位SW	三菱電機	MB-64-C	44.8×4 600V
7		モハ108	18,300	2,742	4,194	37.0	126 (46)		TR14	2,450	三菱電機	間接非自動 電磁空気単位SW		MT15B	100.0×4 675V
8	クハ200	クハ201	16,660	2,728	3,885	27.2	126 (52)	住友製鋼所	KS-30La	2,134					
9	クハニ200	クハニ201	15,940	2,700	3,880	23.1 2.5	80 (36)		TR10	2,180					
10		クハニ202	15,940	2,700	3,880	23.1 2.5	80 (36)		TR10	2,180					
11		クハニ203	15,940	2,700	3,880	23.1 2.5	80 (36)		TR10	2,180					
12	クハ200	クハ202	15,940	2,700	3,770	23.2	110 (36)		TR10	2,180					

十和田観光電鉄（電気機関車・電車）三沢～十和田市 14.7km

項目	形式称号	記号番号	車体寸法 最大長 mm	車体寸法 最大幅 mm	車体寸法 最大高 mm	自重(荷重) ton	軸配置定員(座席)	台車 製造所	台車 形式	台車 軸距 mm	制御器 製造所	制御器 形式 制御方式	主電動機 製造所	主電動機 形式	主電動機 出力kw×台数
1	ED30	ED301	10,450	2,515	3,780	30.0	B-B	日立水戸	棒台枠	2,100	日立製作所	間接非自動 電磁空気単位SW	日立製作所	HS-266-CY	90.0×4 750V
2	ED40	ED402	10,950	2,700	4,257	35.0	B-B	川崎車輌	613型	2,400	川崎車輌	間接非自動 電磁空気単位SW	川崎車輌	K7-1203A	110.0×4 750V
3	モハ1200	モハ1207	17,630	2,840	4,155	36.0	120 (54)	日車支店	NA-5	2,300	三菱電機	CB12-214A 間接非自動 HLD 電磁空気単位SW	三菱電機	MB-146-AFR	90.0×4 750V
4	モハ2400	モハ2401	14,800	2,744	4,096	32.0	92 (44)	日立笠戸	KBD-104	2,200	日立製作所	MMC-H-10 電動カム軸	日立製作所	HS-266-CY20	90.0×4 750V
5		モハ2402	14,800	2,744	4,096	32.0	92 (44)	日立笠戸	KBD-104	2,200	日立製作所	MMC-H-10 電動カム軸	日立製作所	HS-266-CY20	90.0×4 750V
6		モハ2403	14,800	2,744	4,096	32.0	92 (44)	日立笠戸	KBD-104	2,200	日立製作所	MMC-H-10 電動カム軸	日立製作所	HS-266-CY20	90.0×4 750V
7		モハ2405	14,800	2,744	4,096	32.0	92 (44)	日立笠戸	KBD-104	2,200	日立製作所	MMC-H-10 電動カム軸	日立製作所	HS-266-CY20	90.0×4 750V
8	モハ3400	モハ3401	18,800	2,740	4,200	35.0	120 (80)	帝国車輌	TB-50	2,300	東洋電機	ES537-A 電動カム軸	東洋電機	TDK528/9-M	110.0×4 750V
9	モハ3600	モハ3603	16,960	2,740	4,200	38.5	108 (40)	川崎車輌	3650型	2,250	日立製作所	MMC-H-10K 電動カム軸	日立製作所	HS-267-Dr	94.0×4
10	モハ3800	モハ3809	17,840	2,740	4,100	39.3	127 (51)	東急車輌	YS-M1	2,300	日立製作所	MMC-H-10G 電動カム軸	東洋電機	TDK528/9-M	110.0×4
11		モハ3811	17,840	2,740	4,100	39.3	127 (51)	東急車輌	YS-M1	2,300	日立製作所	MMC-H-10G 電動カム軸	東洋電機	TDK528/9-M	110.0×4
12	クハ1200	クハ1208	17,630	2,840	3,755	26.0	120 (54)	日車支店	NA-5	2,300					
13	クハ2400	クハ2401	14,800	2,744	3,656	21.0	92 (44)	日立笠戸	KBT-4	2,200					
14		クハ2402	14,800	2,744	3,656	21.0	92 (44)	日立笠戸	KBT-4	2,200					
15		クハ2402Ⅱ	14,800	2,744	3,656	21.0	92 (44)	日立笠戸	KBT-4	2,200					
16		クハ2404	14,800	2,744	3,656	21.0	92 (44)	日立笠戸	KBT-4	2,200					

製造所 製番	製造年月	改造所	認可届# 竣功届* 入籍※ 使用開始$	認可内容 改造内容	前所有	旧番号	廃車年月 (用途廃止)	備考 設計認可・増加届・変更届# 入線◇ 竣工届* 使用開始$
日車支店	T14.11	日車支店 カテツ交通 カテツ交通 大栄車輌	S26.11 S27.01 S35.05 S39.10	更新空車体転用 機器新製(制御装置・電動機他) 車内更新 簡易鋼体化	秩父鉄道	デハ18	S45.10	秩父鉄道 デハ18→デハ106 (S27.01#) ⇒弘前電鉄 モハ17&3→モハ103 (S27.01$) ⇒弘南鉄道 営業譲渡 モハ103 (S45.10)　&3書類上番号
梅鉢鉄工所	T12.03	日車支店 日車支店 大栄車輌	S27.12 S28.11# S34.10#	更新空車体転用 機器新製(制御装置・電動機他) 鋼体化改造	秩父鉄道	デハ14	S45.10	秩父鉄道 デハ14 (T12.03)→デハ110 (S27.11#) ⇒弘前電鉄 モハ105 (S28.12◇) ⇒弘南鉄道 営業譲渡 モハ105 (S45.10)
木南車輌	S17.11	自社工場	S37.11#	譲受車両設計認可	秩父鉄道	デハ52	S45.10	秩父鉄道 クハ52→デハ52 (S22.02)→廃車 (S37.01) ⇒弘前電鉄 モハ106 (S37.11#)⇒弘南鉄道 営業譲渡 モハ106 (S45.10)
木南車輌	S17.--	自社工場	S41.03#	譲受車両設計認可	秩父鉄道	デハ51	S45.10	秩父鉄道 クハ51→デハ51 (S22.02)→廃車 (S41.03) ⇒弘前電鉄 モハ107 (S41.03#)⇒弘南鉄道 営業譲渡 モハ107 (S45.10)
西武所沢工場	S42.09	西武所沢工場 自社工場	S43.02# S51.02#	京浜急行 デハ403 更新空車体転用 放送装置設置			S45.10	【S22.09 三井玉野造船 東急電鉄 デハ5403 ⇒京浜急行 デハ403 (S23.06)→クハ483 (S40.10#)→サハ483&4 (S41.01)】 ⇒弘前電鉄 モハ108 (S42.10#)⇒弘南鉄道 営業譲渡 (S45.10)　&4更新空車体流用
川崎車輌	S04.03	自社工場	S45.08#	譲受車両設計認可	小田急	クハ1459	S45.10	小田原急行 クハ554→東急電鉄 クハ1309 (S17.06) →小田急電鉄 クハ1309 (S23.06)→クハ1459 (S26.01)→廃車 (S43.11) ⇒弘前電鉄 クハ201 (S44.08#) 未竣功
日車支店	T07.11	カテツ交通	S26.12	荷物室付制御車化改造 (片運転台)	国鉄	サハ19019	S45.10	鉄道院 デハ16329→サハ16428 (T15.11)→サハ19019 (S03.10)→廃車 (S26.09) ⇒弘前電鉄 クハニ201 (S26.11) (S27.01$)⇒弘南鉄道 クハニ202 (S45.10#)→廃車
日車本店	T08.05	カテツ交通 自社工場	S26.12 S27.11	荷物室付制御車化改造 (片運転台) 衝突事故破損修理 正面三枚窓化	国鉄	サハ19020	→	鉄道院 デハ16330→サハ16429 (T15.--)→サハ19020 (S03.10)→廃車 (S26.09) ⇒弘前電鉄 クハニ202 (S26.11) (S27.01$)→　項目12参照
天野工場	T08.--	カテツ交通	S26.12	荷物室付制御車化改造 (片運転台)	国鉄	サハ19050	S45.10	鉄道院 クハ6433→サハ6415 (T14.03)→サハ6006 (S03.10) →サハ19050 (S07.01)→廃車 (S23.10) ⇒弘前電鉄 クハニ202 (S26.11) (S27.01$)→廃車
日車本店	T08.05	大栄車輌	S36.12#	荷物室撤去 車種変更 (クハニ→クハ) 前面鋼板張		クハニ202	S45.10	鉄道院 デハ16330→サハ16429 (T15.--)→サハ19020 (S03.10)→廃車 (S26.09) ⇒弘前電鉄 クハニ202 (S26.11) (S27.01$)→クハ202 (S36.12#) ⇒弘南鉄道 クハ202 (S45.10)→廃車

十和田鉄道 開業 (1922-09-05)　改軌・電化 (1950-06-20)　十和田観光電鉄 改称 (1951-12-31)　貨物輸送廃止 (1986-11-01)　廃止 (2012-04-01)

製造所 製番	製造年月	改造所	認可届# 竣功届* 入籍※ 使用開始$	認可内容 改造内容	前所有	旧番号	廃車年月 (用途廃止)	備考 設計認可・増加届・変更届# 入線◇ 竣工届* 使用開始$
日立水戸 5017	S26.05	自社工場	S47.01	尾灯増設			H24.04	十和田観光電鉄 ED301 (S36.05#)→廃車
川崎車輌 241	S37.05						H24.04	十和田観光電鉄 ED402 (S37.04#)→廃車
日車支店	S29.04	自社工場	S45.06# S45.07* S50.11	ギア比変更 連結面側自連ヲ密着 自連ヘ換装 保安ブレーキ取付	定山渓鉄道	モハ1201	H02.04	定山渓鉄道 モハ1201 (S29.04#)→廃車 (S44.11) ⇒十和田観光電鉄 モハ1207 (S45.05◇)→廃車
日立笠戸	S26.05						→	十和田観光電鉄 モハ2401 (S26.05#) (S26.06$)→ 項目6参照
日立笠戸	S26.05						→	十和田観光電鉄 モハ2402 (S26.05#) (S26.06$)→ 項目7参照
日立笠戸	S26.05	国鉄 盛岡工場 自社工場	S36.02# S51.09	天井不燃化 保安ブレーキ取付			S56.12	十和田観光電鉄 モハ2401 (S26.05#) (S26.06$)→モハ2403 (S33.08*)→廃車
日立笠戸	S26.05	国鉄 盛岡工場 自社工場	S36.02# S51.09	天井不燃化 保安ブレーキ取付			S56.12	十和田観光電鉄 モハ2402 (S26.05#) (S26.06$)→モハ2405 (S33.08*)→廃車
帝国車輌	S30.06	自社工場	S46.12 S51.08 H07.07 H15.04*	尾灯増設 保安ブレーキ取付 ワンマン化改造 ワンマン機器撤去			H24.04	十和田観光電鉄 モハ3401 (S30.05#) (S30.07*)→廃車
川崎車輌	S17.08	東横車輌 自社工場 自社工場	H01.11# H07.10 H15.04*	両運転台化改造・ MG取付 ワンマン化改造 ワンマン機器撤去	東急電鉄	デハ3655	H24.04	東急電鉄 クハ3655→デハ3655 (S27.11)→廃車 (H01.03) ⇒十和田観光電鉄 モハ3603 (H01.12◇) (H02.01$)→廃車
東急横浜	S28.12	東横車輌 自社工場	S56.11# H07.10	両運転台化改造・ 直通ブレーキ追設 ワンマン化改造	東急電鉄	デハ3801	H14.11	東急電鉄 デハ3801→廃車 (H14.10) ⇒十和田観光鉄道 モハ3809 (S56.12*)→廃車
東急横浜	S28.12	東横車輌 自社工場	S56.11# H07.10	両運転台化改造・ 直通ブレーキ追設 ワンマン化改造	東急電鉄	デハ3802	H14.11	東急電鉄 デハ3802→廃車 (H14.10) ⇒十和田観光鉄道 モハ3811 (S56.12*)→廃車
日車支店	S29.04	自社工場	S45.06# S49.03 S53.02	機器整備 連結面側自連ヲ密着 自連ヘ換装 保安ブレーキ取付	定山渓鉄道	クハ1211	H02.04	定山渓鉄道 クハ1211 (S29.04#)→廃車 (S44.11) ⇒十和田観光電鉄 クハ1208 (S45.05◇)→廃車
日立笠戸	S26.05						→	十和田観光電鉄 クハ2401 (S26.05#) (S26.06$)→　項目15参照
日立笠戸	S26.05						→	十和田観光電鉄 クハ2402 (S26.05#) (S26.06$)→　項目16参照
日立笠戸	S26.05						S45.03	十和田観光電鉄 クハ2401 (S26.05#) (S26.06$)→クハ2402 (S33.08#)→廃車
日立笠戸	S26.05	国鉄 盛岡工場	S36.03	天井不燃化			S56.12	十和田観光電鉄 クハ2402 (S26.05#) (S26.06$)→クハ2404 (S33.08#)→廃車

十和田観光電鉄（電気機関車・電車）三沢〜十和田市 14.7km

項目	形式称号	記号番号	車体寸法 最大長 mm	車体寸法 最大幅 mm	車体寸法 最大高 mm	自重（荷重）ton	軸配置 定員（座席）	台車 製造所	台車 形式	台車 軸距 mm	制御器 製造所	制御器 形式 制御方式	主電動機 製造所	主電動機 形式	主電動機 出力kw ×台数
17	クハ4400	クハ4406	18,796	2,740	3,800	25.5	140(60)	川崎車輛	612型	2,100					
18	クハ3800	クハ3802	17,840	2,740	3,740	28.5	130(52)	東急車輛	YS-T1	2,300					
19		クハ3810	17,840	2,740	3,740	28.5	130(52)	東急車輛	YS-T1	2,300					

松尾鉱業（松尾鉱山鉄道）（電気機関車・電車・客車）大更〜屋敷台（八幡平）12.3km

項目	形式称号	記号番号	車体寸法 最大長 mm	車体寸法 最大幅 mm	車体寸法 最大高 mm	自重（荷重）ton	軸配置 定員（座席）	台車 製造所	台車 形式	台車 軸距 mm	制御器 製造所	制御器 形式 制御方式	主電動機 製造所	主電動機 形式	主電動機 出力kw ×台数
1	ED25	ED251	10,050	2,600	3,915	26.9	BB	東芝府中	TT51	2,250	東芝	間接制御 電磁空気単位SW	東芝	SE-170D	59.7×4 750V
2		ED252	10,050	2,600	3,915	26.9	BB	東芝府中	TT51	2,250	東芝	間接制御 電磁空気単位SW	東芝	SE-170D	59.7×4 750V
3	ED50	ED501	12,000	2,725	3,920	49.5	BB	日立水戸	棒台枠	2,500	日立製作所	間接制御 電磁空気単位SW	日立製作所	EFCO-H60 HS-277Ar	200.0×4 750V
4		ED502	12,000	2,725	3,920	49.4	BB	日立水戸	棒台枠	2,500	日立製作所	間接制御 電磁空気単位SW	日立製作所	EFCO-H60 HS-277Ar	200.0×4 750V
5	クモハ20	クモハ201	19,100	2,880	4,250	48.0	136(46)	日車本店	D-20(DT28)	2,500	川崎車輛	CS10 電動カム軸	東洋電機	TDK529/A(MT900)	150.0×4 675V
6		クモハ202	19,100	2,880	4,250	48.0	136(46)	日車本店	D-20(DT28)	2,500	川崎車輛	CS10 電動カム軸	東洋電機	TDK529/A(MT900)	150.0×4 675V
7	ユニフ2661	ユニフ1	8,024	2,600	3,277	8.96 2.0				3,810					
8		ユニフ2	8,024	2,600	3,277	8.96 2.0				3,810					
9	ハフ2661	ハフ3	7,799	2,530	3,530	6.6	50			3,690					
10	ハユフ3450	ハユフ4	8,106	2,603	3,616	7.8	20			3,810					
11	ハフ2661	ハフ5	7,989	2,600	3,581	9.0	40			3,810					
12	スハ32	スハフ7	20,000	2,900	3,925	30.2	136(52)		TR23	2,450					
13	ナハフ14100	ナハフ8	16,782	2,705	3,734	22.5	112(42)		TR10	2,438					
14	オハフ32	オハフ9	20,000	2,840	3,733	27.5	120		TR11	2,450					
15		オハフ10	20,000	2,900	3,965	28.6	134(64)		TR10	2,438					
16		オハフ11	20,056	2,850	3,945	27.6	120		TR10	2,438					

製造所 製番	製造年月	改造所	認可届# 竣功届* 入籍◇ 使用開始§	認可内容 改造内容	前所有	旧番号	廃車年月（用途廃止）	備考 設計認可・増加届・変更届# 入線◇ 竣工届* 使用開始§
川崎車輛	S37.06	自社工場	S46.12# H07.07*	尾灯増設 ワンマン化改造			H14.11	十和田観光電鉄 クハ4406（S37.04#）（S37.06*）→廃車
東急車輛	S28.08	自社工場	H01.11# H07.10	機器整備 ワンマン化改造	東急電鉄	クハ3861	H14.11	東急電鉄 クハ3861→廃車（H01.03）⇒十和田観光電鉄 クハ3802（H01.12◇）（H02.01§）→廃車
東急横浜	S27.11	自社工場	H07.10	ワンマン化改造	東急電鉄	クハ3855	H14.11	東急電鉄 クハ3855→廃車（S56.12）⇒十和田観光電鉄 クハ3810（H01.12◇）→廃車

専用鉄道免許（1933-11-06）地方鉄道運輸開始（1948-03-15）
1500V直流電化（1951-08-10）旅客営業廃止（1970-02-01）貨物営業廃止廃止（1972-10-10）

製造所 製番	製造年月	改造所	認可届# 竣功届* 入籍◇ 使用開始§	認可内容 改造内容	前所有	旧番号	廃車年月（用途廃止）	備考 設計認可・増加届・変更届# 入線◇ 竣工届* 使用開始§
東芝府中 351010	S26.12	自社工場	S38.03#	パンタグラフ二重絶縁化（S38.07*）			S47.10	松尾鉱業 ED251（S26.07#）→廃車
東芝府中 351010	S26.12	自社工場	S38.03#	パンタグラフ二重絶縁化（S38.07*）			S47.10	松尾鉱業 ED252（S26.07#）→廃車
日立水戸 5026	S26.07	自社工場	S36.02#	フランジ給油装置設置（S36.04*）			S47.10	松尾鉱業 ED501（S26.07#）（S26.08*）→廃車（S47.10）⇒秩父鉄道 デキ107（S47.12◇§）（S48.01*）→廃車
日立水戸 5027	S26.07	自社工場 / 自社工場	S36.02# / S37.08#	フランジ給油装置設置（S36.04*） / 主抵抗器塵埃排出口 屋根上設置			S47.10	松尾鉱業 ED502（S26.07#）（S26.08*）→廃車（S47.10）⇒秩父鉄道 デキ108（S47.12◇§）（S48.01*）→廃車
川崎車輛	S05.05	国鉄吹田工場 / 国鉄吹田工場 / 国鉄盛岡工場	S27.12 / S32.02 / S41.06	制御装置変更 ES504-A⇒CS-10 / 三扉化・片運転台化・グローブ通風器入線時整備・両運転台化改造・MG変更	国鉄	クモハ 20052	S45.09	阪和電鉄 モヨ104⇒南海鉄道 合併104（S15.12）⇒運輸通信省 買収 モヨ104（S19.05）→モハ2202（S28.06）→クモハ2202（S34.06）→クモハ20052（S34.12）→国鉄 廃車 吹田工（S41.03）→松尾鉱業 クモハ201（S41.05#）（S41.10*）→休車（S45.02）→譲渡届（S45.09）⇒弘南鉄道 モハ2025（S45.09◇）（S46.06#）→
川崎車輛	S05.05	国鉄吹田工場 / 国鉄吹田工場 / 国鉄盛岡工場	S28.03 / S32.06 / S41.07	制御装置変更 ES504-A⇒CS-10 / 三扉化・片運転台化・グローブ通風器 入線時整備・両運転台化改造・MG変更	国鉄	クモハ 20054	S45.09	阪和電鉄 モヨ106⇒南海鉄道 合併106（S15.12）⇒運輸通信省 買収 モヨ106（S19.05）→モハ2204（S28.06）→クモハ2204（S34.06）→クモハ20054（S34.12）→国鉄 廃車 吹田工（S41.03）→松尾鉱業 クモハ202（S41.10*）→休車（S45.02）→譲渡届（S45.09）⇒弘南鉄道 モハ2026（S45.09◇）（S46.06#）→
鉄道作業局 新橋工場	M31.--	自社工場 / 自社工場	S29.05# / S36.02#	三等緩急客車→郵便手荷物合造車 踏段新設・腰掛改造	鉄道省	ハフ2663	S37.06	作業局 ハブ40→ハフ2663→鉄道省 廃車（S08.12）⇒松尾鉱業 ハフ1（S09.03#）→ユニフ1（S29.06*）→廃車【鉄道省工作局 昭和2年3月 車輌形式図 寸法 8,002×2,591×3,569 HB 3,810】
鉄道作業局 新橋工場	M31.--	自社工場 / 自社工場	S29.05# / S36.02#	三等緩急客車→郵便手荷物合造車 踏段新設・腰掛改造	鉄道省	ハフ2683	S37.06	作業局 ハブ60→ハフ2683→鉄道省 廃車（S08.12）⇒松尾鉱業 ハフ2（S09.03#）→ユニフ2（S29.06*）→廃車【鉄道省工作局 昭和2年3月 車輌形式図 寸法 8,002×2,591×3,569 HB 3,810】
Old Bailey	不明				鉄道省	ハ1667	S36.05	日本鉄道 は207⇒逓信省鉄道局 買収ハ1667（M39.11）→鉄道省 廃車（S09.10）⇒松尾鉱業 ハ3（S09.10#）→ハフ3（S23.03#）→廃車【鉄道省工作局 昭和2年3月 車輌形式図 寸法 7,799×2,591×3,562 HB 3,658】
新潟鉄工	T11.--	自社工場 / 自社工場	S10.10* / S27.07#	長手座席変更改造 郵便室一部客室化改造&1	鉄道省	ハユ3451 II	S37.11	越後鉄道 ハユ2⇒鉄道省 買収 ハユ3451 II（S02.10）→鉄道省 廃車 土崎工（S10.06）⇒松尾鉱業 ハユ4（S10.10#）→ハユ4（S27.07#）→廃車 &1客室長 2,642→4,112 郵便室長 3,454→1,869
鉄道作業局 新橋工場	M31.--	自社工場	S11.10*	長手座席変更改造	鉄道省	ハフ2665	S36.05	作業局 ハブ42→ハフ2665→鉄道省 廃車 盛岡工（S08.12）⇒松尾鉱業 ハフ5（S11.10#）→廃車【鉄道省工作局 昭和2年3月 車輌形式図 寸法 8,002×2,591×3,569 HB 3,810】
日車支店	S14.--	福島製作所 / 自社工場 / 自社工場	S26.01# / S38.06# / S41.09#	洗面所・便所撤去 車掌室化 / 暖房装置 DH-10L型・車軸発電機取付 / 踏段改造	運輸省	スハ32671	S45.09	鉄道省 スハ33334→スハ32671→運輸省 廃車（S23.11）⇒松尾鉱業 スハ32671（S25.04#）→スハフ7（S26.01*）→廃車
汽車支店	M44.11&2	日車支店 / 自社工場	S25.05# / S36.02#	一般修繕・長手座席化 / 踏段改造	運輸省	ナハフ 14381	S38.06	鉄道院 ホハフ7653→ナハフ14381（S03.06）→廃車（不明）⇒松尾鉱業 ナハフ14381（S25.04#）→ナハフ78（S25.05*）→廃車 &2鉄道公報達月【ナハフ14381 寸法 16,782×2,705×3,734 自重 22.5瓲 HB 2,438 BC 11,887】
日車	S02.05	日車支店 / 自社工場 / 自社工場	S27.05# / S32.02# / S41.09#	荷物車→客車化改造 長手座席化 / 温気暖房装置 DH100F型取付 / 踏段改造	国鉄	スニ3018	S45.09	鉄道省 スニ47817→スニ36517（S03.06）→スニ3018（S16.--）→運輸省 廃車（S21.03）⇒松尾鉱業 スニ3018（S26.12#）→オハフ9（S27.05*）→廃車【スニ3018 寸法 20,000×2,900×3,925 自重 33.51瓲 HB 2,450 BC 11,000】
日車	S07.12	国鉄盛岡工場 / 自社工場 / 自社工場	S26.12# / S27.05# / S41.09#	洗面所・便所撤去 客室化 / 車軸発電機取付 / 踏段改造	国鉄	スロハ321	S45.09	鉄道省 スロハ31550→スロハ321→運輸省 廃車（S23.11）⇒松尾鉱業 スロハ321（S26.12#）→オハフ10→廃車【スロハ321 寸法 17,000×2,800×3,935 自重 33.51瓲 HB 2,450 BC 14,000】
日車	M44.03&3	国鉄盛岡工場 / 自社工場 / 自社工場 / 自社工場	S29.01# / S29.10# / S31.02# / S41.09#	譲受認可・特別設計認可 鋼体化 / 発電機取付 / 暖房装置取付 / 踏段改造	国鉄	ナハフ 14386	S45.09	鉄道院 ホハフ7575→ナハフ14386（S03.06）→国鉄 事故廃車（S27.06）⇒松尾鉱業 ナハフ14386（S28.09#）→ナハフ11→オハフ11（S29.03*）→廃車 &3鉄道公報達月【ナハフ14386 寸法 16,782×2,705×3,734 自重 21.9瓲 HB 2,450 BC 11,887】

花巻電鉄（電車）●軌道線　西花巻〜花巻温泉 8.2km　◎鉄道線　西公園〜西鉛温泉 17.0km

項目	形式称号	記号番号	車体寸法 最大長mm	最大幅mm	最大高mm	自重(荷重)ton	軸配置定員(座席)	台車 製造所	形式	軸距mm	制御器 製造所	形式/制御方式	主電動機 製造所	形式	出力kw×台数
1◎	EB6	EB61	5,326	1,540	2,630	6.5	B	東洋電機		1,830	東洋電機	DB-1 K-4 直接制御	東洋電機	TDK221-A	22.4×2 500V
2◎	デハ1	デハ1	10,262	2,133	3,200	10.4	50(26)	雨宮製作所	板台枠	1,473	東洋電機	DB-1 K-4 直接制御	東洋電機	TDK221-A	22.4×2 500V
3◎	デハ2	デハ2	10,262	2,133	3,200	10.4	50(26)	雨宮製作所	板台枠	1,473	東洋電機	DB-1 K-4 直接制御	東洋電機	TDK221-A	22.4×2 500V
4◎		デハ3Ⅱ	10,250	2,130	3,200	10.4	50(24)	雨宮工場	板台枠	1,600		直接制御			22.4×2 500V
5◎		デハ4Ⅱ	10,250	2,130	3,200	10.4	50(28)	雨宮工場	板台枠	1,600		直接制御			22.4×2 500V
6◎	デハ55	デハ55	12,660	2,130	3,700	16.0	80(30)	日車支店	板鋼組立	1,700		直接制御			22.7×4 300V
7◎		デハ56	12,660	2,130	3,700	16.0	80(30)	汽車支店	板鋼組立	1,700		直接制御			22.7×4 300V
8◎	デハ57	デハ57	12,660	2,130	3,800	16.0	80(36)	日車支店	板鋼組立	1,700		直接制御			22.8×4 600V
9◎		サハ1	10,262	2,133	3,200	6.8	50(26)	雨宮製作所		1,219					
10◎		サハ2	10,262	2,133	3,200	6.8	50(26)	雨宮製作所		1,219					
11◎		サハ3	10,262	2,133	3,200	6.8	50(26)	雨宮製作所		1,219					
12◎		サハ4	10,262	2,133	3,200	6.8	50(26)	雨宮製作所		1,219					
13◎	サハ5	サハ5	10,250	2,130	3,085	6.7	50(28)	雨宮製作所		1,219					
14◎	サハ100	サハ101	10,660	2,130	3,150	8.0	50(24)	日車支店		1,219					
15◎		サハ102	10,660	2,130	3,150	8.0	50(24)	日車支店		1,219					
16◎		サハ103	10,660	2,130	3,150	8.0	50(24)	東洋工機		1,219					
17◎		サハ104	10,660	2,130	3,150	8.0	50(24)	東洋工機		1,219					
18◎	サハ105	サハ105	11,860	2,130	3,150	9.5	70(30)	日車支店	NT-14	1,700					
19◎		サハ106	11,860	2,130	3,150	9.5	70(30)	日車支店	NT-14	1,700					
20●	デハ1	デハ1③	10,054	1,600	3,200	9.0	50(28)	雨宮工場	板台枠	1,500	日立製作所	DR BC-447 直接制御	日立	HS-113-A14	22.4×2 600V
21●		デハ3②	10,054	1,600	3,200	9.0	50(28)	雨宮工場	板台枠	1,500	日立製作所	DR BC-447 直接制御	日立	HS-113-A14	22.4×2 600V
22●		デハ4②	10,054	1,600	3,200	9.0	50(28)	雨宮工場	板台枠	1,500	日立製作所	DR BC-447 直接制御	日立	HS-113-A14	22.4×2 600V
23●	デハ5	デハ5	9,956	1,600	3,200	9.0	50(28)	雨宮製作所	板台枠	1,499	日立製作所	DR BC-447 直接制御	日立	HS-102-A-17	22.4×2 600V
24●	デハ21	デハ21	10,860	2,130	3,350	11.5	60(30)	雨宮製作所	板台枠	1,473	東洋電機	直接制御	東洋電機	TDK221-A	22.4×2 500V
25●		デハ22	10,860	2,130	3,350	11.5	60(30)	雨宮製作所	板台枠	1,473	東洋電機	直接制御	東洋電機	TDK221-A	22.4×2 500V
26●	モハ28	モハ28	11,860	2,130	3,600	13.6	60(30)	日車支店	NA-14	1,700					22.6×4
27●		サハ2	6,654	1,600	3,009	2.5	24(14)	雨宮製作所	板台枠	1,676					
28●		サハ3	6,654	1,600	3,009	3.5	30(8)	雨宮製作所	板台枠	927					
29●	サハ200	サハ201	10,860	2,130	3,050		60(30)	雨宮製作所		1,219					
30●		サハ202	10,860	2,130	3,050	8.0	60(30)	雨宮製作所		1,219					
31●		サハ203	10,860	2,130	3,050	8.0	60(30)	雨宮製作所		1,219					
32●		サハ204	10,860	2,130	3,050	8.0	60(30)	雨宮製作所		1,219					
33●		EB62	4,800	1,575	2,438	5.0	B		板台枠	1,830					25.7×2

津軽鉄道（内燃機関車）五所川原〜津軽中里 20.9km

項目	形式称号	記号番号	車体寸法 最大長mm	最大幅mm	最大高mm	自重(荷重)ton	軸配置定員(座席)	台車 製造所	形式	軸距mm	内燃機関 製造所	形式	連続出力(馬力)回転数	変速機
1	DC20	DC201	7,860 9,385※1	2,687 2,800※1	3,710	20.70	C	新潟鉄工所		1,600	新潟鉄工所	LH8X	150/1,500×1	機械式
2		DC202	7,860	2,687	3,710	20.00	C	新潟鉄工所		1,600	新潟鉄工所	LH8X	150/1,500×1	機械式
3	DD350	DD351	10,950	2,676	3,519	35.00	B-B	新潟鉄工所		1,600		DMH17C	180/1,500×2	DFN115

軌道線 花巻電気 開業(1915-09-17) 盛岡電気工業 合併(1921-12-09) 温泉軌道合併(1922-05-01) 花巻温泉電気鉄道 譲渡(1926-10-01)
花巻電気鉄道 改称(1941-10-29) 花巻温泉電鉄 改称(1947-06-05) 花巻電鉄 譲渡(1953-06-01) 廃止(1969-09-01)
鉄道線 盛岡電気工業 開業(1925-08-01) 花巻温泉電気鉄道 譲渡(1926-10-01) 花巻電気鉄道 改称(1941-10-29) 花巻温泉電鉄 改称(1947-06-05)
花巻電鉄 譲渡(1953-06-01) 岩手中央バス 譲渡(1971-02-24) 廃止(1972-02-16)

車両履歴								備考
製造所 製番	製造年月	改造所	認可届# 竣功届* 入籍$ 使用開始$	認可内容 改造内容	前所有	旧番号	廃車年月 (用途廃止)	設計認可・増加届・変更届# 入線◇ 竣工届# 使用開始$
日車本店&1 東洋電機	T14.04 T14.06	自社工場	S06.10 S07.08#	火災被災復旧工事 ギア比71/16(4.44) →69/14(4.93)			S44.--	花巻温泉電気鉄道 No.1(T14.08$)→改番 EB61(S16.12#)→廃車 &1車体 製造
雨宮製作所	T14.10	自社工場	S03.01	空気ブレーキ装着			→	盛岡電気工業 デハ1◎(T14.10*)→ 項目25参照
雨宮製作所	T14.10	自社工場	S03.01	空気ブレーキ装着			→	盛岡電気工業 デハ2◎(T14.10*)→ 項目26参照
雨宮工場	S06.--						S44.--	花巻温泉電気鉄道 デハ3②◎(S07.03#)→廃車
雨宮工場	S06.--						S44.--	花巻温泉電気鉄道 デハ4②◎(S07.03#)→廃車
日車支店	S26.11						S47.02	花巻温泉電気鉄道 デハ55◎(S27.01*)→廃車
汽車会社支店 (大栄車輌)	S29.03						S47.02	花巻電鉄 デハ56◎(S29.04*)→廃車
日車支店	S33.07						S47.02	花巻電鉄 デハ57◎(S33.09*)→廃車
雨宮製作所	T14.08		S03.01#	空気ブレーキ装着			→	盛岡電気工業 サハ1◎(T14.10*)→
雨宮製作所	T14.08		S03.01#	空気ブレーキ装着			→	盛岡電気工業 サハ2◎(T14.10*)→
雨宮製作所	T14.--		S03.01#	空気ブレーキ装着			→	盛岡電気工業 サハ3◎(T14.10*)→
雨宮製作所	T14.--		S03.01#	空気ブレーキ装着			→	盛岡電気工業 サハ4◎(T15.05*)→
雨宮製作所	S06.--						S44.--	
日車支店	S29.02						S47.02	花巻電鉄 サハ101(S29.04*)→廃車
日車支店	S29.02						S47.02	花巻電鉄 サハ102(S29.04*)→廃車
東洋工機	S31.07						S47.02	花巻電鉄 サハ103(S31.07*)→廃車
東洋工機	S31.07						S47.02	花巻電鉄 サハ104(S31.07*)→廃車
日車支店	S38.--						S47.02	花巻電鉄 サハ105(S39.03*)→廃車
日車支店	S38.--						S47.02	花巻電鉄 サハ106(S39.03*)→廃車
雨宮工場	S06.12						S38.--	花巻温泉電気鉄道 デハ1③◎●(S06.12)→廃車
雨宮工場	S06.12						S44.--	花巻温泉電気鉄道 デハ3②◎(S06.12)→廃車
雨宮工場	S06.12						S44.--	花巻温泉電気鉄道 デハ4②◎(S06.12)→廃車
雨宮製作所	S03.09						S44.--	花巻温泉電気鉄道 デハ5●(S03.09#)→廃車→解体(S46.06)
雨宮製作所	T14.--	日車支店 自社工場	S35.07# S43.--	鋼体化 出力増強	デハ1◎		S47.02	花巻温泉電気鉄道 デハ1◎→デハ21●(S34.--)→廃車
雨宮製作所	T14.--	日車支店	S35.07#	鋼体化	デハ2◎		S44.--	花巻温泉電気鉄道 デハ2◎→デハ22●(S35.11)→廃車→解体(S46.06)
日車支店	S38.--						S47.02	花巻電鉄 モハ28●(S38.--)→廃車
雨宮製作所	T15.08	自社工場	S08.--	ボギー車化改造			S38.10	盛岡電気工業 サハ1①◎(T15.10#)→花巻電鉄 デハ2●(S03.05#) →サハ2(S08.--)→廃車
雨宮製作所	T15.07	自社工場	S18.08#	ボギー車化改造			S38.10	盛岡電気工業 サハ3●(T14.10*)→廃車
雨宮製作所	T14.08	日車支店 (蕨)	S35.--	鋼体化	サハ1◎		S44.--	盛岡電気工業 サハ1◎(T14.10*)→サハ201(S36.--)→廃車
雨宮製作所	T14.08	日車支店 (蕨)	S35.--	鋼体化	サハ2◎		S44.--	盛岡電気工業 サハ2◎(T14.10*)→サハ202(S37.--)→廃車
雨宮製作所	T14.--	日車支店 (蕨)	S36.--	鋼体化	サハ3◎		S44.--	盛岡電気工業 サハ3◎(T14.10*)→サハ203(S36.--)→廃車
雨宮製作所	T14.--	日車支店 (蕨)	S34.--	鋼体化	サハ4◎		S44.--	盛岡電気工業 サハ4◎(T15.05*)→サハ204(S34.--)→廃車→解体(S46.06)
東洋電機	T10.11	馬来工業	S18.--	入線整備				下野電気鉄道 5or6(T11.03$)→使用停止(S05.05)⇒東武鉄道 浅草工場 保管 ⇒小坂鉱山(S18.--)⇒花巻電気鉄道 EB62 未入籍 諸元参考

開業(1930-07-15) ガソリン動力併用(1932-04-24) 重油動力併用認可(1933-04-14) 列車無線取付(1988-03-18) 貨物営業廃止(1984-02-01)

車両履歴								備考
製造所 製番	製造年月	改造所	認可届# 竣功届* 入籍$ 使用開始$	認可内容 改造内容	前所有	旧番号	廃車年月 (用途廃止)	設計認可・増加届・変更届# 入線◇ 竣工届# 使用開始$
新潟鉄工所	S27.04						S39.12	津軽鉄道 DC201(S27.03#)→廃車(S39.12) ⇒東野鉄道 DC201(S39.09◇)(S39.12#)→廃車 鉄道廃止(S43.12) ⇒野田醤油 L型機? 西武所沢工場改造中(S45.12) &1除雪装置取付時寸法
新潟鉄工所	S27.04						S36.05	津軽鉄道 DC202(S27.03#)→廃車(S36.05) ⇒東野鉄道 DC201(S36.05◇)→廃車 鉄道廃止(S43.12)
新潟鉄工所	S32.12	自社工場	S60.10 S63.02	機関交換 DMH17BX⇒DMH17C 列車無線装備				津軽鉄道 DD351(S33.02#)(S32.12$)→

津軽鉄道（内燃機関車）五所川原～津軽中里 20.9ｋm

項目	形式称号	記号番号	車体寸法 最大長mm	最大幅mm	最大高mm	自重(荷重)ton	軸配置定員(座席)	台車 製造所	形式	軸距mm	内燃機関 製造所	形式	連続出力(馬力)回転数	変速機
4	DD350	DD352	10,950	2,676	3,519	35.00	B-B	新潟鉄工所		1,600	新潟鉄工所	6L13AS(DMF13S)	220/1,600×2	DFN115
5	キハ1	キハ2401	11,520	2,720	3,640	15.0(1.0)	70(32)	日車名古屋	菱枠型	1,500	日野	DA55A	110/1,700×1	機械式
6	キハ2400	キハ2402	16,220	2,740	3,750	20.00	100(50)	新潟鉄工所	菱枠型	1,800	日野	DA55A	110/1,700×1	機械式
7		キハ2403	16,220	2,740	3,750	20.00	100(50)	新潟鉄工所	菱枠型	1,800	日野	DA55A	110/1,700×1	機械式
8		キハ2404	12,920	2,720	3,555	15.70	60(32)	日車名古屋	菱枠型	1,500	相模	N-80	80/1,300×1	機械式
9		キハ2405	12,920	2,720	3,555	15.70	60(32)	日車名古屋	菱枠型	1,500	相模	N-80	80/1,300×1	機械式
10		キハ2406	12,920	2,720	3,555	15.70	60(32)	日車名古屋	菱枠型	1,500	相模	N-80	80/1,300×1	機械式
11	キハ2400	キハ24021	20,000	2,928	3,820	31.00	124(68)	新潟鉄工所	NP1A(DT22系) NP2A(DT22系)	2,100	新潟鉄工所	DMH17C	180/1,500×1	DF115
12		キハ24022	20,000	2,928	3,820	31.00	124(68)	新潟鉄工所	NP1A(DT22系) NP2A(DT22系)	2,100	新潟鉄工所	DMH17C	180/1,500×1	DF115
13		キハ24023	20,000	2,928	3,850	31.50	124(68)	新潟鉄工所	NP1A(DT22系) NP2A(DT22系)	2,100	新潟鉄工所	DMH17C	180/1,500×1	DF115
14		キハ24024	20,000	2,928	3,850	31.50	124(68)	新潟鉄工所	NP1A(DT22系) NP2A(DT22系)	2,100	新潟鉄工所	DMH17C	180/1,500×1	DF115
15		キハ24025	20,000	2,758	3,710	30.60	108(74)	東急車輌	DT19 TR49	2,000	新潟鉄工所	DMH17C	180/1,500×1	DF115
16		キハ24026	20,000	2,758	3,710	30.60	108(74)	東急車輌	DT19 TR49	2,000	新潟鉄工所	DMH17C	180/1,500×1	DF115
17	キハ22	キハ22027	20,000	2,928	3,925	32.50	81(71)	富士重工業	DT22 TR51	2,100		DMH17C	180/1,500×1	TC2-A
18		キハ22028	20,000	2,928	3,925	32.50	81(71)	富士重工業	DT22 TR51	2,100		DMH17C	180/1,500×1	TC2-A
19		キハ22029	20,000	2,928	3,925	32.50	81(71)	富士重工業	DT22 TR51	2,100		DMH17C	180/1,500×1	TC2-A
20	津軽21	津軽21-101,102	18,500	2,828	4,056	29.70	121(59)	新潟鉄工所	NP-126D-2 NP-126T-2	1,900		DMF13HZ	330/2,000×1	TCN-22-1650
21		津軽21-103,104,105	18,500	2,828	4,056	29.70	121(59)	新潟鉄工所	NP-126D-2 NP-126T-2	1,900		DMF13HZ	330/2,000×1	TCN-22-1650
22	オハ31	オハ311	17,000	2,900	3,925	29.50	80(80)		TR11	2,450				
23		オハ312	17,000	2,900	3,925	28.32	80(80)		TR11	2,450				
24		オハ313	17,000	2,900	3,925	29.25	80(80)		TR11	2,450				
25	ナハフ1200	ナハフ1201	17,100	2,800	3,876	23.40	121(48)	住友製鋼所	KS30L	2,135				
26		ナハフ1202	17,100	2,800	3,876	23.40	121(48)	住友製鋼所	KS30L	2,135				
27		ナハフ1203	17,100	2,800	3,876	23.40	121(48)	住友製鋼所	KS30L	2,135				
28	ホハ12000	ホハ12001	16,782	2,705	3,750	23.67	72		TR10 明治42年度基本	2,183				
29		ホハ12002	16,782	2,705	3,750	23.67	72		TR10 明治42年度基本	2,183				
30	ナハフ14100	ナハフ14101	16,782	2,705	3,734	23.70	72		TR10 明治44年度基本	2,438				
31		ナハフ14102	16,782	2,713	3,737	23.10	72		TR10 明治44年度基本	2,438				
32	オハフ33	オハフ33 1	20,000	2,900	4,020	32.50	80(80)		TR34	2,450				
33	オハ46	オハ46 2	20,000	2,900	4,020	32.50	80(80)		TR47	2,450				
34		オハ46 3	20,000	2,900	4,020	31.80	80(80)		TR47	2,450				
35	ハ1	ハ1～ハ4	8,185	2,616	3,416	13.53	52(20)			3,810				
36		ハ5 ハ8	8,192	2,502	3,569	14.21	61(24)			3,835				

開業（1930-07-15）ガソリン動力併用（1932-04-24）重油動力併用認可（1933-04-14）列車無線取付（1988-03-18）貨物営業廃止（1984-02-01）

製造所 製番	製造年月	改造所	認可届# 竣功届* 入籍" 使用開始§	認可内容 改造内容	前所有	旧番号	廃車年月 (用途廃止)	備考　設計認可・増加届#・変更届" 入線` 竣工届§ 使用開始§
新潟鉄工所	S34.11	自社工場	S60.10 S63.02	機関交換 L6FH14AS⇒6L14AS 列車無線装備				津軽鉄道 DD352 (S35.08#) (S34.12§) →
日車本店	S09.04	日車 自社工場	S09.04* S34.04	ディーゼルエンジン⇒ガソリンエンジン&2換装 客車代用化改造 (荷台撤去)		キハ2	S37.05	津軽鉄道 キハ2 (S08.04#)→キハ2401 (S34.04)→廃車 &2ユンカース SA12 (80hp/1500)→ウォケッシャー 6-SRL
新潟鉄工所	S25.10						S46.07	津軽鉄道 キハ2 (S25.10§)→キハ2402 (S25.10§) (S25.11*)→廃車
新潟鉄工所	S25.11			エンジン付・ライト無 客車代用 S46.08現在			S51.01	津軽鉄道 キハ3 (S25.10#)→キハ2403 (S25.11*) (S25.12§)→廃車
日車本店	S06.07	自社工場			三岐鉄道	キハ3	S42.04	三岐鉄道 キハ3 (S06.07#)→廃車 (S32.04) ⇒津軽鉄道 キハ2404 (S32.07#)→廃車 (S42.04) ⇒上武鉄道 キハ2400 (S42.04#) (S42.10§)→廃車 &3 (S48.01) &3旅客営業廃止
日車本店	S06.07	自社工場	S33.07#	譲受車両設計変更認可	三岐鉄道	キハ2	S44.05	三岐鉄道 キハ2 (S06.07#)→廃車 (S33.02) ⇒津軽鉄道 キハ2405 (S33.07#)→廃車
日車本店	S06.07	自社工場	S33.12#	譲受車両設計変更認可	三岐鉄道	キハ1	S43.05	三岐鉄道 キハ1 (S06.07#)→廃車 (S33.11) ⇒津軽鉄道 キハ2406 (S33.12#)→廃車
新潟鉄工所	S37.01	自社工場	S41.12* S52.03*	放送装置取付装置取付 保安ブレーキ装置取付			H09.02	津軽鉄道 キハ24021 (S37.02*) (S37.04#)→廃車
新潟鉄工所	S37.01	自社工場	S41.12* S52.03*	放送装置取付取付 保安ブレーキ装置取付			H12.03	津軽鉄道 キハ24022 (S37.02°) (S37.04#)→廃車
新潟鉄工所	S41.04	自社工場	S41.12* S52.03*	放送装置取付取付 保安ブレーキ装置取付			H12.03	津軽鉄道 キハ24023 (S41.04°) (S41.06#)→廃車
新潟鉄工所	S42.03	自社工場	S41.12* S52.03*	放送装置取付取付 保安ブレーキ装置取付			H09.02	津軽鉄道 キハ24024 (S42.03*) (S42.03*)→廃車
東急車輛	S31.08	新潟鉄工所	S50.11# S50.08	便所撤去 寒冷地仕様化・歯車比変更	国鉄	キハ1131	H02.01	国鉄 キハ48041→キハ11 31 (S32.04)→廃車 (S50.03) ⇒津軽鉄道 キハ24025 (S50.11#) (S50.12§) (S51.02$)→廃車
東急車輛	S31.08	新潟鉄工所	S50.11# S50.08	便所撤去 寒冷地仕様化・歯車比変更	国鉄	キハ1132	H02.01	国鉄 キハ48042→キハ11 32 (S32.04)→廃車 (S50.03) ⇒津軽鉄道 キハ24026 (S50.11#) (S50.12°) (S51.03§)→廃車
富士重工業	S37.11	自社工場 新潟鉄工所	H01.12# H04.03*	便所撤去 保安ブレーキ取付 ワンマン化・列車無線取付	JR東日本	キハ22156	H19.07	国鉄 キハ22156→秋田内陸縦貫鉄道 貸出 (S61.11-S63.02)→廃車 (H01.08) ⇒津軽鉄道 キハ22027 (H01.12#)→廃車
富士重工業	S37.11	自社工場 新潟鉄工所	H01.12# H04.03*	便所撤去 保安ブレーキ取付 ワンマン化・列車無線取付	JR東日本	キハ22169	H12.03	国鉄 キハ22169→秋田内陸縦貫鉄道 貸出 (S61.11-S63.02)→廃車 (H01.08) ⇒津軽鉄道 キハ22028 (H01.12#)→廃車
富士重工業	S38.12	自社工場 新潟鉄工所	H01.12# H03.03*	便所撤去 保安ブレーキ装置取付	JR東日本	キハ22228	H21.07	国鉄 キハ22228→廃車 (H01.08) ⇒津軽鉄道 キハ22029 (H01.12#)→廃車
新潟鉄工所	H08.11							津軽鉄道 津軽21-101,102 (H08.08#)
新潟鉄工所	H12.02							津軽鉄道 津軽21-103,104,105 (H11.09#) (H12.02§) (H12.03*)
汽車支店	S02.12	運輸省 大井工機部	S24.04	更新修繕 I	国鉄	オハ31 26	S58.11	鉄道省 オハ44425→オハ32025 (S03.10)→津軽鉄道 オハ3101 (S36.11#)→オハ31 1 →廃車→芦野公園保存・搬出 鉄道博物館 (H18.07)
日車支店	S02.10		S36.11#	譲受車両設計変更認可	国鉄	オハ31 51	S58.11	鉄道省 オハ44450→オハ32050 (S03.10)→津軽鉄道 オハ31 51 Ⅰ (S16.10)→オハ41 10 →オハ31 51 Ⅱ→廃車 旭川工 (S35.03)⇒津軽鉄道 オハ3102→オハ31 2→廃車
日車	S02.08		S36.11#	譲受車両設計変更認可	国鉄	オハ31 75	S58.11	鉄道省 オハ44474→オハ32074 (S03.10)→津軽鉄道 オハ31 75 Ⅰ (S16.10)→オハ41 16 →オハ31 75 Ⅱ→廃車 松任工 (S39.09)⇒津軽鉄道 オハ3103→オハ31 3→廃車
川崎車輛	S03.11	西武所沢工場 自社工場 自社工場	S40.07 S40.07§ S41.12*	更新改造 (運転台撤去他) 使用開始 放送装置取付取付	西武鉄道	クハ1157	H07.03	旧西武鉄道 クハ606→クハ1107 (S15.05)→西武鉄道 クハ1157 (S23.06)→廃車 (S40.07)⇒津軽鉄道 ナハフ1201 (S40.09#)→廃車
川崎車輛	S03.11	西武所沢工場 自社工場	S40.08 S40.08§	更新改造 (運転台撤去他) 使用開始	西武鉄道	クハ1155		旧西武鉄道 クハ604→クハ1105 (S15.05)→西武鉄道 クハ1155 (S23.06)→廃車 (S40.07)⇒津軽鉄道 ナハフ1202 (S40.09#)→休車
川崎車輛	S03.11	西武所沢工場 自社工場	S40.09 S40.09§	更新改造 (運転台撤去他)	西武鉄道	クハ1158		旧西武鉄道 クハ607→クハ1108 (S15.05)→西武鉄道 クハ1158 (S23.06)→廃車 (S40.07)⇒津軽鉄道 ナハフ1203 (S40.09#)→休車
鉄道院 大宮工場	M44.01&4	自社工場	S29.12# S30.02*	譲受車両設計変更認可 竣功届	国鉄	ホハ12068	S40.03	鉄道院 ホハ6846→ナハ12068→廃車 五稜郭工 (S28.11) ⇒津軽鉄道 ホハフ12001 (S29.11§) (S30.02*)→廃車 &4鉄道公報掲載日
日車	M44.02&5	自社工場	S29.12# S30.02*	譲受車両設計変更認可 竣功届	国鉄	ホハ12074	S40.03	鉄道院 ホハ6852→ナハ12074→廃車 五稜郭工 (S28.11) ⇒津軽鉄道 ホハフ12002 (S29.11§) (S30.02*)→廃車 &5鉄道公報掲載日
汽車支店	M44.09&6	自社工場	S29.12# S30.02*	譲受車両設計変更認可 竣功届	国鉄	ナハフ 14355	S40.09	鉄道院 ホハ77643→ナハフ7643→ナハフ14355 (S03.06)→廃車 土崎工 (S28.12) ⇒津軽鉄道 ホハフ14101 (S29.11§)→廃車 &6鉄道公報掲載日
鉄道院 大宮工場	M44.01&7	自社工場	S30.08# S30.08*	譲受車両設計変更認可 竣功届	弘前電鉄	サハフ301	S40.02	鉄道院 ホハ77593→ナハフ14103 (S03.06)→弘前電鉄 サハフ301 (T13.11)→廃車 (S29.08)→廃車 (S29.10) (S30.03*) ⇒津軽鉄道 ホハフ12002 (S29.10§)→廃車 &7鉄道公報掲載日
新潟鉄工所	S23.06	国鉄大船工場 自社工場	S34.-- S58.10	更新修繕 I 洗面台・トイレ撤去・ストーブ取付工事	国鉄	オハフ33 2520	S58.11	運輸省 オハフ33 520→オハフ33 2520→廃車 (S58.02) ⇒津軽鉄道 オハフ331 (S58.10#) (S58.11*)→
日立製作所	S29.11	国鉄土崎工場 自社工場	S40.-- S58.10	体質改善工事・電気暖房取付 洗面台・トイレ撤去・ストーブ取付工事	国鉄	オハ46 2612	S58.11	国鉄 オハ46 612→スハ43 612 (S31.02)→オハ46 2612→廃車 (S58.02) ⇒津軽鉄道 オハ462 (S58.10#) (S58.11*)
川崎車輛	S30.04	国鉄土崎工場 自社工場	S40.-- S58.10	体質改善工事・電気暖房取付 洗面台・トイレ撤去・ストーブ取付工事	国鉄	オハ46 2662		国鉄 オハ46 662→スハ43 662 (S31.02)→オハ46 2662→廃車 (S58.02) ⇒津軽鉄道 オハ463 (S58.10#) (S58.11*)→
大日本軌道	T03.12				武蔵野鉄道	ハ7～ハ10	S30.06	武蔵野鉄道 ハ7,ハ8,ハ9,ハ10→譲渡 (S04.05#) ⇒津軽鉄道 ハ1, ハ2, ハ3,&8ハ4 (S04.03)→廃車 &8天沼 T04.07
天野工場	M33.--				武蔵野鉄道	ハ12～ハ15	S30.06	武蔵野鉄道 ハ12,15→譲渡 (S04.05#) ⇒津軽鉄道 ハ5,ハ8 (T10.06#)→廃車

津軽鉄道（内燃機関車）五所川原～津軽中里 20.9ｋm

項目	形式称号	記号番号	車体寸法 最大長 mm	車体寸法 最大幅 mm	車体寸法 最大高 mm	自重（荷重）ton	軸配置定員（座席）	台車 製造所	台車 形式	軸距 mm	内燃機関 製造所	内燃機関 形式	連続出力（馬力）回転数	変速機
37	ハ1	ハ6 ハ7	8,192	2,502	3,569	14.21	61 (24)			3,835				
38		ハ9	8,179	2,654	3,658	11.77	51 (28)			3,810				
39	ハフ1	ハ10 ハ11	8,179	2,654	3,658	11.77	51 (28)			3,810				
40		ハフ1 ハフ2	8,173	2,616	3,416	13.53	52 (22)			3,810				
41		ハフ3	8,173	2,616	3,416	13.53	52 (22)			3,810				
42		ハフ4	8,173	2,616	3,416	13.53	52 (22)			3,810				
43	ハ1	ハ1Ⅱ ハ2Ⅱ	8,192	2,502	3,569	14.21	61 (24)			3,835				
44		ハ3Ⅱ ハ4Ⅱ	8,179	2,654	3,658	11.77	51 (28)			3,810				
45		ハ5Ⅱ	9,520	2,640	3,490	7.50	50 (28)			1,500				

弘南鉄道黒石線（気動車）川部～黒石 6.2km

項目	形式称号	記号番号	車体寸法 最大長 mm	車体寸法 最大幅 mm	車体寸法 最大高 mm	自重（荷重）ton	軸配置定員（座席）	台車 製造所	台車 形式	軸距 mm	内燃機関 製造所	内燃機関 形式	連続出力（馬力）回転数	変速機
1	キハ22	キハ2210	2,000	2,928	3,925	32.50	81 (71)	新潟鉄工所	DT22A TR51A	2,100		DMH17C	180/1,500×1	TC-2
2		キハ2220	2,000	2,928	3,925	32.50	81 (71)	新潟鉄工所	DT22A TR51A	2,100		DMH17C	180/1,500×1	TC-2
3		キハ2230	2,000	2,928	3,925	32.50	81 (71)	新潟鉄工所	DT22A TR51A	2,100		DMH17C	180/1,500×1	DF-115
4	キハ2100	キハ2105	20,100	2,860	3,675	30.00	92 (62)	日車本店	NA6A NA6AT	2,100	振興	DMH17H	180/1,500×1	TC-2
5		キハ2107	20,100	2,860	3,675	30.00	92 (62)	日車本店	NA6A NA6AT	2,100	振興	DMH17H	180/1,500×1	TC-2

南部鉄道（内燃機関車・気動車・客車）尻内（八戸）～五戸 12.3ｋm

項目	形式称号	記号番号	車体寸法 最大長 mm	車体寸法 最大幅 mm	車体寸法 最大高 mm	自重（荷重）ton	軸配置定員（座席）	台車 製造所	台車 形式	軸距 mm	内燃機関 製造所	内燃機関 形式	連続出力（馬力）回転数	変速機
1	DB25	DB251	6,650	2,500	3,300	25.00	B			2,200		DMH17S	250/1,500×1	TC-25
2	DC35	DC351	8,156	2,725	3,600	35.00	C			1600×2		DMH36	300/1,300×1	DS1.2/1.35
3	キハ40000	キハ40001	12,550	2,650	3,550	18.45	80 (36)			1,600	日野	DA55	85/1,200×1	機械式
4		キハ40002	12,550	2,650	3,550	18.45	80 (36)			1,600	日野	DA55	85/1,200×1	機械式
5	キハ41000	キハ41001	16,600	2,708	3,675	23.00	124 (58)			1,800		DMF13C	140/1,500×1	TC-2
6		キハ41002	16,754	2,700	3,650	25.00	110 (50)			1,710	振興	DMF13	120/1,500×1	TC-2
7		キハ41003	16,300	2,700	3,950	20.50	86 (62)		TR26	1,800	日野	DA55A	75/1,200×1	DA200 機械式
8	ハフ40000	ハフ40002	12,550	2,650	3,700	16.50	60 (28)			1,600				
9	ハフ100	ハフ103	9,347	2,730	3,668	8.00	57 (34)			3,960				
10		ハフ105	9,347	2,730	3,668	8.00	57 (34)			3,960				
11	ハフ1400	ハフ1401	18,077	2,597	3,550	21.00	110 (64)			1,676				

車両履歴								備考
製造所 製番	製造年月	改造所	認可届# 竣功届* 入籍% 使用開始$	認可内容 改造内容	前所有	旧番号	廃車年月 (用途廃止)	設計認可・増加届・変更届# 入線% 竣工届* 使用開始$
天野工場	M33.--				武蔵野鉄道	ハ13,ハ14	→	武蔵野鉄道 ハ13,14→譲渡（S04.05#）⇒津軽鉄道 ハ6,ハ7（T10.06#）　項目43参照
新潟工場	M30.09				武蔵野鉄道	ロ3	S30.06	北越鉄道 ロ6⇒鉄道庁 買収 ロ810→廃車（T06.06）⇒武蔵野鉄道 ロ3（T10.06#）→譲渡（S04.05#）⇒津軽鉄道 ロ1（S05.06）→ハ9（S06.06）→廃車
新潟工場	M30.09				武蔵野鉄道	ロ4,ロ5	→	北越鉄道 ロ7,8⇒鉄道庁 買収 ロ811,812→廃車（T06.06）⇒武蔵野鉄道 ロ4,ロ5（T10.06#）→譲渡（S04.05#）⇒津軽鉄道 ロ2,ロ3（S05.06）→ハ10,ハ11（S06.06）→　項目44参照
大日本軌道	T03.12				武蔵野鉄道	ハ1,ハ2	S32.02	武蔵野鉄道 ハ1,ハ2→譲渡（S04.05#）⇒津軽鉄道 ハフ1,ハフ2（S23.05*）→廃車
大日本軌道	T03.12				武蔵野鉄道	ハ3	S30.06	武蔵野鉄道 ハ3→譲渡（S04.05#）⇒津軽鉄道 ハフ3（S23.05*）→廃車
天野工場	T04.07				武蔵野鉄道	ハ4	S30.06	武蔵野鉄道 ハ4→譲渡（S04.05#）⇒津軽鉄道 ハフ4（S23.05*）→廃車
天野工場	M33.--					ハ6,ハ7	S32.02	武蔵野鉄道 ハ13,14→譲渡（S04.05#）⇒津軽鉄道 ハ6,ハ7（T10.06#）→ハ1Ⅱ,2Ⅱ（S30.06）→廃車
新潟工場	M30.09					ハ10,ハ11	S32.02	北越鉄道 ロ7,8⇒鉄道庁 買収 ロ811,812→廃車（T06.06）⇒武蔵野鉄道 ロ4,ロ5（T10.06#）→譲渡（S04.05#）⇒津軽鉄道 ロ2,ロ3（S05.06）→ハ3Ⅱ,ハ4Ⅱ（S30.06）→廃車
日車支店	S07.03 S07.04	自社工場	S24.02	客車化改造・荷台（奥行800mm）撤去		キハ1	S35.05 S32.02	津軽鉄道 キハ1（S07.04#）（S07.03$）→客車代用（S24.02#）→ハ12→ハ5Ⅱ（S30.06）→廃車

黒石線開業（1984.11.01）ワンマン運転開始（1988.08.01）廃止（1998-04-1）

車両履歴								備考
製造所 製番	製造年月	改造所	認可届# 竣功届* 入籍% 使用開始$	認可内容 改造内容	前所有	旧番号	廃車年月 (用途廃止)	設計認可・増加届・変更届# 入線% 竣工届* 使用開始$
新潟鉄工所	S37.03	国鉄土崎工場 国鉄土崎工場 自社工場	S59.09# S62.-- S61.07#	車両譲受設計認可 便所閉鎖 ワンマン化 デッキ仕切撤去・便所撤去 保安ブレーキ設置	国鉄	キハ22128	H07.10	弘南鉄道 キハ2210（S59.08☆）（S59.09*）→廃車
新潟鉄工所	S37.03	国鉄土崎工場 国鉄土崎工場	S59.09# S62.--	車両譲受設計認可 便所閉鎖 ワンマン化 デッキ仕切撤去・便所撤去	国鉄	キハ22130	H07.10	弘南鉄道 キハ2220（S59.08☆）（S59.09*）→廃車
新潟鉄工所	S37.10	国鉄土崎工場 国鉄土崎工場	S59.09# S62.--	車両譲受設計認可 便所閉鎖 ワンマン化 デッキ仕切撤去・便所撤去	国鉄	キハ22143	H10.04	弘南鉄道 キハ2230（S59.08☆）（S59.11$）→廃車
日車本店	S39.08	小坂鉄道工場	S63.11	ワンマン化 運転席後方ボックス席撤去・運賃箱取付	小坂鉄道	キハ2105	H10.04	小坂鉄道 キハ2105→廃車（H07.03）⇒弘南鉄道 キハ2105（H07.06*）（H07.07$）→廃車
日車本店	S42.11	小坂鉄道工場	S63.11	ワンマン化 運転席後方ボックス席撤去・運賃箱取付	小坂鉄道	キハ2107	H10.04	小坂鉄道 キハ2107→廃車（H07.03）⇒弘南鉄道 キハ2107（H07.06*）（H07.07$）→廃車

五戸電気鉄道 開業（1929-08-23）改称 五戸鉄道（1936-05-05）改称 南部鉄道（1945-01-01）十勝沖地震 休止（1968-05-16）廃止（1969-04-01）

車両履歴								備考
製造所 製番	製造年月	改造所	認可届# 竣功届* 入籍% 使用開始$	認可内容 改造内容	前所有	旧番号	廃車年月 (用途廃止)	設計認可・増加届・変更届# 入線% 竣工届* 使用開始$
日車本店 1763	S32.01	自社工場	S37.10	エンジン換装 64HN9→DMH17S			S44.04	南部鉄道 DB251（S32.06#）→廃車⇒甲州砕石 DB251・No.801 現車銘板 日車名古屋 No.1585 S27.05
汽車本店 2751	S31.01						S42.07	南部鉄道 DC351（S31.01#）→廃車（S42.07）⇒日本冶金工業大江山工場 DC351（S42.07#）⇒加悦鉄道 DC351借入（S42.08）→廃車（S60.04）⇒加悦SLの広場─閉園（R02.03）⇒ごのへ郷土館（R04.04）
日車支店	S09.03		S28.08	エンジン換装 GMF13→DA55	運輸省	キハ40006	S44.04	鉄道省 キハ40006→運輸省 廃車（S23.03）⇒南部鉄道 ハ40001（S24.12#）→キハ41001（S25.05#）→廃車
日車支店	S09.03						S44.04	鉄道省 キハ40011→運輸省 廃車（S23.03）⇒南部鉄道 ハ40002（S24.12#）→キハ41002（S25.09#）→廃車
日車支店	S09.12	国鉄盛岡工場 国鉄盛岡工場 富士重工都宮	S26.05# S27.05 S38.11	エンジン取付 GMF13 エンジン換装→DA55 エンジン換装→DMF13C・TC-2 取付	国鉄	キハ41094	S44.04	鉄道省 キハ41094→運輸省 廃車（S24.09）⇒南部鉄道 キハ41001（S26.05#）→廃車
日車支店	S13.06	運輸工業 自社工場	S28.11# S39.10#	気動車化 DMF13搭載 譲受車両設計認可	釧路臨港鉄道	キハ1001	S44.04	北海道鉄道 キハ553⇒鉄道省 買収 キハ40363（S18.08）→廃車（S24.09）⇒釧路臨港鉄道 キハ102（S26.05*）→ナハ1（S26.08*）→ナハフ1（S27.02#）→キハ1001（S28.11#）→廃車（S39.07）⇒南部鉄道 キハ41002（S39.10#）→廃車
新潟鉄工所	S10.03	東急横浜 国鉄新小岩工場	S26.08 S31.10	エンジン換装→DA55 エンジン換装→DA58	同和鉱業小坂	キハ1005	S44.04	鉄道省 キハ41109→廃車（S24.09）→廃車復興（S26.08）→キハ41424（S32.02）→キハ0525（S32.04）→廃車（S33.02）同和鉱業小坂鉄道花岡線 キハ1005（S34.05）→旅客営業廃止（S60.03）⇒南部鉄道 キハ41003（S43.01#）→廃車（S44.04）⇒岩手開発鉄道 キハ41003（S44.10*）→廃車
						キハ41002	S44.04	鉄道省 キハ40011→廃車（S23.03）⇒南部鉄道 ハ40002（S24.12#）→キハ41002（S25.09#）→ハフ40002（S41.--#）→廃車・解体（S44.08）
日車支店	S05.07		S25.02	機関（6-SRL）撤去		キハ103	S44.04	五戸電気鉄道 キハ103（S05.08#）→ハフ103（S25.03#）→廃車
日車支店	S05.07	日車支店		事故（S05.09.13）復旧		キハ105	S36.02	五戸電気鉄道 キハ104（S05.08#）→キハ105（S08.03#）→ハフ105（S25.03#）→廃車
川造兵庫	T07.09					ナハ13539&1	S44.04	鉄道院 ナハ12671→ナハ24109（S17.02）→ナハ13539（S18.03）→廃車⇒南部鉄道 ナハ53（S29.11#）→ナフ1401（S30.04#）→廃車・解体（S44.08）&1現車確認ニヨル 公式 旧車号 ホハユ3250 車体寸法・自重・定員・軸距 公式旧車号数値

南部縦貫鉄道（内燃機関車・気動車）野辺地～七戸 20.9km

項目	形式称号	記号番号	車体寸法			自重(荷重)ton	軸配置定員(座席)	台車			内燃機関			変速機
			最大長mm	最大幅mm	最大高mm			製造所	形式	軸距mm	製造所	形式	連続出力(馬力)回転数	
1	DC25	DC251	7,050	2,668	3,657	24.30	C	協三工業		1,500×2	神鋼	DMH17S	250/1,500×1	TC-2.5
2	DB10 TMC100BS	DB11	4,500	2,652	2,650	7.00	B	富士重工		2,900	いすゞ	DA120	89/2,200×1	MG4 機械式
3	D45 HG4-455BB	D451	11,250	2,725	3,630	45.00	B-B	日立笠戸		2,000	神鋼	DMH17S	250/1,500×2	TC-2.5
4	キハ10	キハ101	10,296	2,600	3,165	9.50	60(27)	富士重工		5,100	日野	DS90	106/2,000×1	機械式
5		キハ102	10,296	2,600	3,165	9.50	60(27)	富士重工		5,100	日野	DS90	106/2,000×1	機械式
6		キハ103	12,456	2,720	3,760	15.50	80(38)	日車支店	菱枠型	1,500	日野	DS11	75/1,400×1	機械式
7		キハ104	20,000	2,740	3,710	30.40	92(76)	帝国車輌	DT22B TR51B	2,100	ダイハツ	DMH17C	180/1,500×1	TC-2

花巻電鉄（気動車）◎鉄道線 西公園～西鉛温泉 17.0km

項目	形式称号	記号番号	車体寸法			自重(荷重)ton	軸配置定員(座席)	台車			内燃機関			変速機
			最大長mm	最大幅mm	最大高mm			製造所	形式	軸距mm	製造所	形式	連続出力(馬力)回転数	
1◎	キハ801	キハ801	10,809	2,120	3,130	11.80	60(28)	日車本店	ND207 ND207A	1,370	日野	DS40	95/1,400×1	TC-2.5

岩手開発鉄道（内燃機関車・気動車）赤崎～盛～岩手石橋 11.5km

項目	形式称号	記号番号	車体寸法			自重(荷重)ton	軸配置定員(座席)	台車			内燃機関			変速機
			最大長mm	最大幅mm	最大高mm			製造所	形式	軸距mm	製造所	形式	連続出力(馬力)回転数	
1	DB15	DB1511	6,325	2,550	3,019	15.00	B	新三菱三原		1,850	三菱重工	DF13L	150/1400×1	機械式
2	DC38	DC3821	8,150	2,720	3,781	38.00	C	新三菱三原		3,000	三菱重工	DL2L	460/1,800×1	機械式 TC64F 流体接手
3	DD38	DD3831	10,850	2,600	3,642	38.00	B-B	東洋工機		2,000	新潟鉄工所	L6FH/4AS	240/1,800×2	DB115 MS300
4		DD3832	10,850	2,600	3,642	38.00	B-B	東洋工機		2,000	新潟鉄工所	L6FH/4AS	240/1,800×2	DB115 MS300
5	DD43	DD4341	11,000	2,620	3,648	43.00	B-B	東洋工機	TK-700	2,000	神鋼造機	DMH17SB	320/1600×2	DBS115 MS370
6	DD53	DD5351	13,450	2,724	3,865	53.00	B-B	新潟鉄工所	NP111D	2,200	新潟鉄工所	DMF31SB1	500/1,500×2	DB138
7		DD5352	13,450	2,724	3,865	53.00	B-B	新潟鉄工所	NP111D	2,200	新潟鉄工所	DMF31SB1	500/1,500×2	DB138
8		DD5353	13,450	2,724	3,865	53.00	B-B	新潟鉄工所	NP111D	2,200	新潟鉄工所	DMF31SB1	500/1,500×2	DB138
9	DD56	DD5601	14,050	2,850	4,059	56.00	B-B	新潟鉄工所	NP111D	2,200	新潟鉄工所	DMF31SD1	600/1,500×2	DBS138
10		DD5651	14,050	2,724	4,059	56.00	B-B	新潟鉄工所	NP111D	2,200	新潟鉄工所	DMF31SD1	600/1,500×2	DBS138
11		DD5652	14,050	2,724	4,059	56.00	B-B	新潟鉄工所	NP111D	2,200	新潟鉄工所	DMF31SD1	600/1,500×2	DBS138
12		DD5653	14,050	2,724	4,059	56.00	B-B	新潟鉄工所	NP111D	2,200	新潟鉄工所	DMF31SD1	600/1,500×2	DBS138
13	キハ200	キハ201	12,020	2,720	3,575	15.00	66(28)	日車支店	偏心台車	900+1,000 1,500	神鋼造機	DMF13C	140/1,500×1	DB100
14		キハ202	13,300	2,728	3,720	21.50	100(38)	新潟鉄工所	NP110D 偏心台車 NP110T	1,000+800 900+900	神鋼造機	DMF13C	140/1,500×1	DB100
15	キハ300	キハ301	20,120	2,725	3,690	27.40	112(68)	新潟鉄工所	菱枠型 TR29系	2,000	新潟鉄工所	LH8X (DMH17BX)	180/1,500×1	機械式 21HUC 流体接手
16	キハ40000	キハ40001	12,220	2,650	3,550	18.50	75(33)	日車支店	菱枠型	1,600	日野	DA55B	77/1,200×1	機械式
17	キハ41000	キハ41003	16,300	2,700	3,950	20.50	86(62)	新潟鉄工所	菱枠型 TR26	1,800	日野	DA55A	75/1,200×1	機械式

開業（1962-10-20）　十勝沖地震営業休止（1968-05-16 ～ 08.04）　貨物営業廃止（1984-02-01）　廃止（2002-08-01）

製造所 製番	製造年月	改造所	認可届# 竣功届* 入籍％ 使用開始$	認可内容 改造内容	前所有	旧番号	廃車年月 （用途廃止）	備考 設計認可・増加届・変更届# 入線○ 竣工届* 使用開始$
協三工業 25287	S34.08		S48.10#		羽後交通	DC2	H14.08	羽後交通 横荘線 DC2 (S33.08#) (S33.08*)→羽後交通 雄勝線 DC2 (S46.07○)→廃車 (S48.03)⇒南部縦貫鉄道 DC251 (S48.10#) (S49.02#)→廃車
富士重工 246	S37.06		S39.02#	軌道モーターカー（機械扱）入籍			H14.08	南部縦貫鉄道 機械(S37.07$)→DB11(S39.02#)(S39.04$)→廃車
日立笠戸 12624	S37.06						H14.08	南部縦貫鉄道 DD451(S37.09#)(S37.10$)→廃車
富士重工	S37.07	自社工場	S47.-- S52.10#	サイドミラー（左側）取付 予備汽笛SW増設			H14.08	南部縦貫鉄道 キハ101(S37.10$)→廃車
富士重工	S37.07	自社工場	S47.-- S52.10#	サイドミラー（左側）取付 予備汽笛SW増設			H14.08	南部縦貫鉄道 キハ102(S37.10$)→廃車
日車支店	S12.04	自社工場	S38.08#	譲受車両設計変更認可	常総筑波	キハ302	S55.10	筑波鉄道 キハ302(S12.05#) (S12.06*)→常総筑波鉄道 キハ302(S20.03)⇒南部縦貫鉄道 キハ103(S37.11○)(S38.08$)→廃車
帝国車輌	S31.10	自社工場	S55.06#	現状使用 車号「5」抹消	国鉄	キハ1045	H14.08	国鉄 キハ48144→キハ1045(S32.04)→廃車 (S55.03)⇒南部縦貫鉄道 キハ104(S55.06$)→廃車

鉄道線 盛岡電気工業 開業(1925-08-01) 花巻温泉電気鉄道 譲渡(1926-10-01) 花巻電気鉄道 改称(1941-10-29) 花巻温泉電鉄 改称(1947-06-05) 花巻電鉄 譲渡(1953-06-01) 岩手中央バス 合併(1971-02-24) 廃止(1972-02-16)

製造所 製番	製造年月	改造所	認可届# 竣功届* 入籍％ 使用開始$	認可内容 改造内容	前所有	旧番号	廃車年月 （用途廃止）	備考 設計認可・増加届・変更届# 入線○ 竣工届* 使用開始$
日車本店	S31.08	自社工場	S41.02#	ステップ改造・連結器交換	遠州鉄道	キハ1804	S44.--	遠州鉄道奥山線 キハ1804 (S31.08#)→廃止 (S39.10) ⇒花巻電鉄 キハ801 (S40.02○) (S41.02#)→廃車→解体 (S46.06)

開業（1950-10-21）　旅客輸送廃止（1992-03-31）

製造所 製番	製造年月	改造所	認可届# 竣功届* 入籍％ 使用開始$	認可内容 改造内容	前所有	旧番号	廃車年月 （用途廃止）	備考 設計認可・増加届・変更届# 入線○ 竣工届* 使用開始$
新三菱三原 965	S32.05						S48.01	岩手開発鉄道 DB1511(S32.05#)→廃車
新三菱三原 1064	S34.12						S48.01	岩手開発鉄道 DC3821(S35.02#)→廃車
東洋工機	S36.04						S49.04	岩手開発鉄道 DD3831(S36.01#)→廃車
東洋工機	S36.12						S49.04	岩手開発鉄道 DD3832(S37.01#)→廃車
東洋工機	S38.07						S60.03	岩手開発鉄道 DD4341(S38.05#)→廃車
新潟鉄工所	S43.12						→	岩手開発鉄道 DD5351(S43.10#)(S43.12*)→ 項目10参照
新潟鉄工所	S44.12						→	岩手開発鉄道 DD5352(S43.10#)(S44.12*)→ 項目11参照
新潟鉄工所	S48.12						→	岩手開発鉄道 DD5353(S43.10#)(S48.12*)→ 項目12参照
新潟鉄工所	S52.06							岩手開発鉄道 DD5601(S52.05#)(S52.06*)→
新潟鉄工所	S43.12	新潟鉄工所	S54.07	エンジン換装 出力増強	自社	DD5351		岩手開発鉄道 DD5351(S43.10#)(S43.12*)→DD5651(S54.07*)(H06.11)→
新潟鉄工所	S44.12	新潟鉄工所	S54.10	エンジン換装 出力増強	自社	DD5352		岩手開発鉄道 DD5352(S43.10#)(S44.12*)→DD5652(S54.10*)(H09.09)→
新潟鉄工所	S48.12	新潟鉄工所	S54.04	エンジン換装 出力増強	自社	DD5353		岩手開発鉄道 DD5353(S48.12#)(S48.12*)→DD5653(S54.04*)(H05.12)→
日車支店	S11.07	自社工場 自社工場	S28.09 S36.03#	エンジン換装→ いすゞ100型 エンジン換装→ 日野DA58	国鉄	キハ40359	S44.11	神中鉄道 キハ35(S11.01#)(S11.07*)→廃車(S17.11) ⇒播丹鉄道 キハ200(S18.02#)(S18.03*) ⇒鉄道省 買収 キハ40359(S18.06)→廃車(S23.03) ⇒岩手開発鉄道 キハ201(S27.07○)(S27.10*)→廃車
新潟鉄工所	S42.11	自社工場	S49.09#	保安ブレーキ装置取付			H11.07	岩手開発鉄道 キハ202(S43.03#)(S43.04*)→廃車
新潟鉄工所	S27.04	自社工場	S50.02* S49.09#	夕張鉄道キハ201 機器一部流用 保安ブレーキ装置取付	北海道炭礦汽船 （夕張鉄道）	キハ202	H09.03	北海道炭礦汽船 キハ202(S27.04#)(S27.05$)→廃車(S50.04) ⇒岩手開発鉄道 キハ301(S50.09#)(S50.12*)→廃車
日車支店	S09.03	国鉄盛岡工場	S25.10#	エンジン換装・車体更新	国鉄	キハ40010	S44.11	鉄道省 キハ40010→廃車(S23.03) ⇒岩手開発鉄道 キハ40001(S25.08○)(S2512*)→廃車
新潟鉄工所	S10.03				南部鉄道	キハ41003	S50.12	鉄道省 キハ41109→廃車(S24.09)→廃車復活 キハ41545(S26.08) ⇒キハ41424(S32.02)→廃車 新小岩工(S33.02) ⇒同和鉱業小坂鉄道 キハ1005(S34.05)→廃車 ⇒南部鉄道 キハ41003(S43.01#)→廃車(S44.04) ⇒岩手開発鉄道 キハ41003(S44.10*)→廃車

【編・著者プロフィール】
髙井薫平（たかいくんぺい）
1937年5月生まれ、1960年慶應義塾大学法学部法律学科卒、1951年から地方私鉄巡りを始める。鉄研活動は中学2年からだが最初は模型専門、高校進学後、鉄道研究会に属し、学業は徐々におろそかに。初めて夏季合宿を企画し木曽森林鉄道に行く。この時のリポートを「鉄道模型趣味」誌に発表、以後依頼を受けて各趣味雑誌に「大井川鉄道」「九十九里鉄道」など寄稿。1960年から鉄道部品メーカーに勤務、1961年から朝日新聞発行「世界の鉄道」の企画制作に参加15年ほど協力した。2000年9月ベルリンで開催されたInnotrans2000に日本の企業として初めて出展、この時ハルツ山狭軌鉄道に出かけた。会社退任後鉄道趣味に本格復帰し、現在に至る。著作に「軽便追想」（ネコ・パブリッシング）、RMライブラリシリーズ「東野鉄道」「上武鉄道」「中国鉄道の気動車たち」「弘南鉄道」「福島交通」「鹿児島交通」、講談社「小型蒸気機関車全記録」など。

【執筆・編集協力者の紹介】
矢崎康雄（やざきやすお）
1947年生まれ、1971年慶応義塾大学商学部卒業後、旅行会社勤務。幼少から都電に接し、私鉄路面電車ファン。外国の鉄道が趣味対象になって、最近ではトラムのある都市を訪ね歩くのが主体なった。資料の読み込みに長け、本書では地図の解説、吉田初三郎の絵図の解説など担当した。

亀井秀夫（かめいひでお）
1949年生まれ、1973年慶応義塾大学法学部政治学科卒、学生時代から私鉄ファンで車両史、車両データに詳しい。車両部品メーカーに長く勤務し、企画、営業を担当した。鉄道友の会理事を長く務め、主にBL賞など担当した。本書では髙井を補佐してレイアウト、車両解説の検証、諸元表の作成を担当した。朝日の世界の鉄道ではやはり諸元表の作成を担当した。

佐竹雅之（さたけまさゆき）
1983年生まれ、2007年慶應義塾大学理工学部応化卒、鉄研三田会ではNゲージ部門の責任者、最近は2児の子育ての合間に3Dプリンターを駆使して市販されていない地方私鉄の車両の製作に取り組んでいる。鉄道車両史に詳しく、本シリーズ下は特定のコラムを担当、今回も仙鉄式車両形式と称する東北独自の車両形式を解説した。

【写真・資料などをご提供いただいた方々（50音順）】
石井賢三、稲葉克彦、今井啓輔、上野巖、内田隆夫、梅村正明、大賀寿郎、大野眞一、大幡哲海、荻原二郎、荻原俊夫、春田誠三郎、亀井秀夫、後藤文男、小山県、斉木聡、齋藤晃、佐藤公亮、佐竹雅之、澤内一晃、柴田東吾、清水武、志村聡司、白土貞夫、杉行夫、鈴木茂、関田克孝、髙橋慎一郎、竹中康彦、田尻弘行、田中信吾、千葉健太、寺田裕一、登山昭彦、西原博、服部朗宏、林嶢、藤岡雄一、藤田吾郎、堀川正弘、丸森茂男、三竿喜正、宮田寛之、宮崎繁幹、村松功、矢崎康雄、山崎朗、山田信一、横瀬弘志、PIXTA（P19下、P20下、P126中・下）
国土地理院、国際日本文化研究センター

昭和30年代～50年代の地方私鉄を歩く 第3巻
みちのくの鉄道 その1
【青森県・岩手県の私鉄】

2024年10月15日　第1刷発行

編・著者 ……………… 髙井薫平
発行人 ……………… 福原文彦
発行所 ……………… 株式会社フォト・パブリッシング
　　　　　　　　　　〒171-0032　東京都豊島区雑司が谷3-3-25
　　　　　　　　　　TEL.03-6914-0121　FAX.03-5955-8101
発売元 ……………… 株式会社メディアパル（共同出版者・流通責任者）
　　　　　　　　　　〒162-8710　東京都新宿区東五軒町6-24
　　　　　　　　　　TEL.03-5261-1171　FAX.03-3235-4645
本文デザイン・DTP …柏倉栄治
装丁 ………………… 株式会社ニイモモクリエイト（石井恵理子）
印刷所 ……………… 株式会社サンエー印刷

この印刷物は環境に配慮し、地産地消・輸送マイレージに配慮したライスインキを使用しているバイオマス認証製品です。

ISBN978-4-8021-3489-7 C0026

本書の内容についてのお問い合わせは、上記の発行元（フォト・パブリッシング）編集部宛ての
Eメール（henshuubu@photo-pub.co.jp）または郵送・ファックスによる書面にてお願いいたします。